「肩の力」を抜く！

やわら 柔術の動き方

広沢成山
八光流柔術・三大基柱拾段師範

BAB JAPAN

はじめに

この本は、武道専門誌である月刊誌「秘伝」に連載したものを書籍化したものです。だからこの本を手に取ってくれた多くの方は、武道に興味があると思います。でも、武道に興味はないけど書店で何気なくこの本を手にとったあなたにも、この本をぜひおすすめしたいと思います。

肩凝りや腰痛などの慢性疲労や様々な生活習慣病、仕事やプライベートでもストレスフルな毎日で、現代人の身体は悲鳴をあげています。それを反映するかのように、マインドフルネスなどの瞑想や座禅など心身のリラクゼーションや癒やしが多くの人に求められています。

そんな現代人におすすめしたいのが武道です。「武道とリラックスって関係あるの？」って思われそうですが、もちろん大ありです。

人間が生きていく上で必要な「力」はいっぱいあります。実際に書店に行けば「力」がタイトルについた本があふれています（「悩む力」「断る力」「鈍感力」「聞く力」「雑談力」…）。だけど、人間にとってもっとも根本的に必要な力というものは何かといえば…、それは「筋力」です。筋力がなければ、日々の活動そのものができないのですから。この本では柔術における脱力や身体の使い方を解説しています。

多くの人にとって緊張を自覚しやすいのは「肩の力」だと思います。肩凝りに悩まされている方も多いと思いますが、肩というのは「肩身が狭い」「肩肘張る」「肩を怒らす」というように精神的な影響もダイレクトに受ける部分です。

そもそも人間にとって一番ストレスの原因となるのが「人との関わり」です。柔術というのは人との関わりのなかで力を抜く技術。例えば、部屋に一人でいてどんなにリラックスできていても、一歩外に出て人と関わった瞬間に身体がガチガチに緊張してしまっては意味がありません。

柔術というのは、「相手と触れる」というある意味ダイレクトなストレスに対して、脱力をする方法を身につけます。肉体への直接的なストレスが加わった状態でも力を抜くことができれば、身体はとても楽になります。慣れれば人と関わることがストレスになるのではなく、むしろリラックスを生み出すようになる。そういう意味では、柔術はギュウギュウな満員電車で最高のリラックスをする方法を学ぶような武道なんです。

脱力の基本は引き算。力を増やすのではなく、無駄な力を減らすという発想です。モノや情報に溢れた今の時代、誰もが多くの無駄を抱えすぎて身動きがとれなくなっています。無駄な力を手放すことで身体の動きだけでなく人生そのものが身軽になります。気球だって、重しを捨てるからこそ空高く浮かぶのですから。

力を活かせれば活力となるけど、力が無ければ無力になってしまいます。柔術を通して上手な力の使い方を身につければ、それはきっとあなたの身力（みりょく）となるでしょう。この本が心身共に緊張を緩めるヒントとなって、皆さんの「肩の荷が下りて」くれれば幸いです。

目次

第1章

「帯に短し、たすきに長し」
～脱力のバランス～

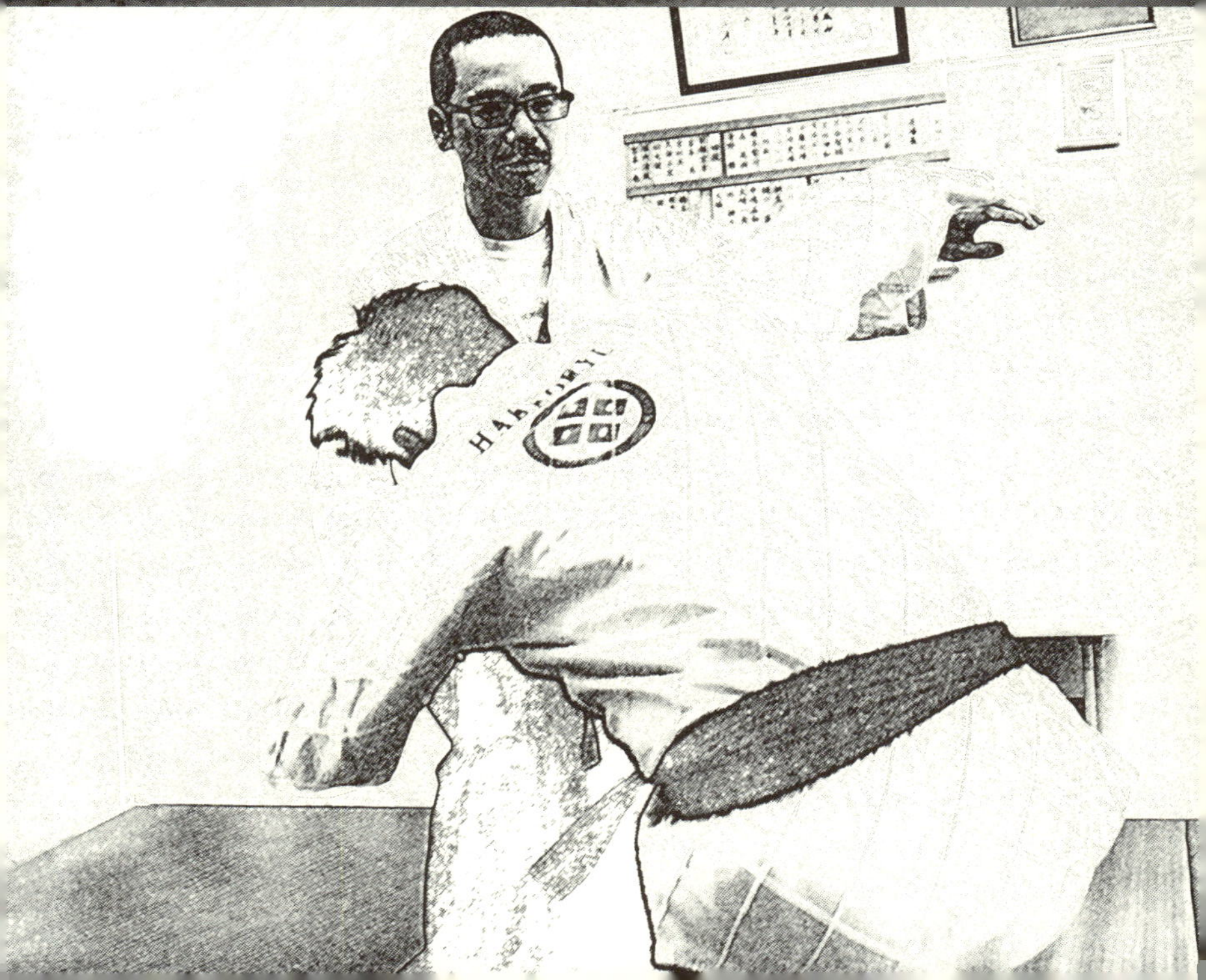

武道の身体の使い方をわかりやすく伝える

武道の世界というのはひと昔前は情報が閉ざされた世界でした。自流派の技術を外部に漏らさないようにすることがその流派の優位性を持たせていた時代でもあったと言えます。しかしネット社会の現代はありとあらゆる情報が瞬時に手に入る時代であり、それは武道の世界においてもしかりです。そうやって情報が増えたことの恩恵は大きい分、問題も出てきました。情報が多すぎて、その中から有用な情報だけを取捨選択するのが難しくなってきたのです。

武道の世界において「脱力」というのは一時流行に近いものもあり、誰もが脱力という言葉を使っていたので、本書の読者においてももはや聞き飽きたという感もあると思います。しかしあまりにも多くの方が「脱力」という言葉を使いまわしたために、言葉そのものの定義づけが曖昧になってしまいました。「脱力すると速く動ける」「脱力するとパンチ力が増す」「脱力すると楽器がうまくなる」「脱力すれば何でもできる」、そして、それに対するアンチテーゼとして「脱力するな」というのも……。そもそも脱力って何なんだ！という感じです。

本書では、そういった多種多様な解釈により複雑化してしまった武道における言語及び身体の使い方をよりシンプルに、そしてわかりやすく伝えられればと思っています。難しいことは簡単に、簡単なことはさらにわかりやすく説明していくつもりですのでお付き合いいただければ幸いです。

脱力って何？

というわけでやはり最初は脱力とは何か、というところから始めます。「大辞林 第三版」で「脱力」を引くと、

だつりょく【脱力】

（名）スル

体の力がぬけること。

と書かれています。単純に考えればこれだけの意味だと思います。

脱力というと八光流柔術の代名詞的に使われることも多いですが、古い師範ほど脱力という言葉を多用している方は少なく、指導においては「腕力でやらない」「肩を落とせ」「固まるな」というような表現をされることが多かったです。そういった力だけに頼らない身体の使い方を総称するものとして徐々に脱力という言葉が使われるようになりましたが、そもそもの意味としては「無駄な力を入れるな」くらいの意味だったと思います。

じゃあ脱力は簡単そうだな、となりそうですが、そうは問屋がおろさない。無駄な力を入れない状態がどれほど難しいかは柔術の稽古をしていると誰もが痛切に感じるところです。

力を抜けば抜くほどよい、ということであれば人は立つことすらできなくなってしまいます。だ

必要な最小値の力加減

無駄な力が入っていない、必要な最小値の力のみが加わっている状態は、姿勢や動作によって変化する。手の上に棒を乗せて倒れないようにバランスをとっている状態が、「必要な最小値の力加減」と言える。

から力の入れ過ぎはもちろんダメですが、力を抜き過ぎてもダメです。例えば立っている時の緊張状態が10だとして完全に脱力して床に寝転がっているのが0だとします。脱力をする場合10、9、8……と徐々に力を抜きますが、0まで抜いてしまったら立つことすらできません。

立っていられるギリギリの力の最小値、それを1だとします。柔術で目指す脱力はその1の状態を作り出すことですが、たいていの人はギリギリまで力を抜くことはできず1ではなく2や3、人によっては4や5の状態で立ってしまいます。この余剰分の緊張がまさに「無駄な力」ということになります。

そして最小値である1の状態は姿勢や

動作によって常に変化します。これは手の上に棒を乗せてバランスをとっているのをイメージするとわかりすいと思います。棒が倒れないように保つには力を入れ過ぎず抜き過ぎず手でバランスをとりながら微調整しなければなりません。しかし人はどうしてもバランスを崩すのが怖くてギリギリまで力を抜くことができず、棒であればしっかりと握りこんでしまいます。

このギリギリ微妙な力加減のモデルイメージは酔っ払いの千鳥足。倒れそうで倒れないその足取りはまさに理想的な脱力状態。ただし本当に千鳥足になったら柔術というよりは酔拳になってしまうので、千鳥足の脱力加減で普通に立ち、普通に歩くことが必要です。

理想的な脱力状態は酔っぱらいの千鳥足のイメージ。本当に千鳥足になったら酔拳になってしまうので、千鳥足の脱力加減で立ち、歩くことが必要。

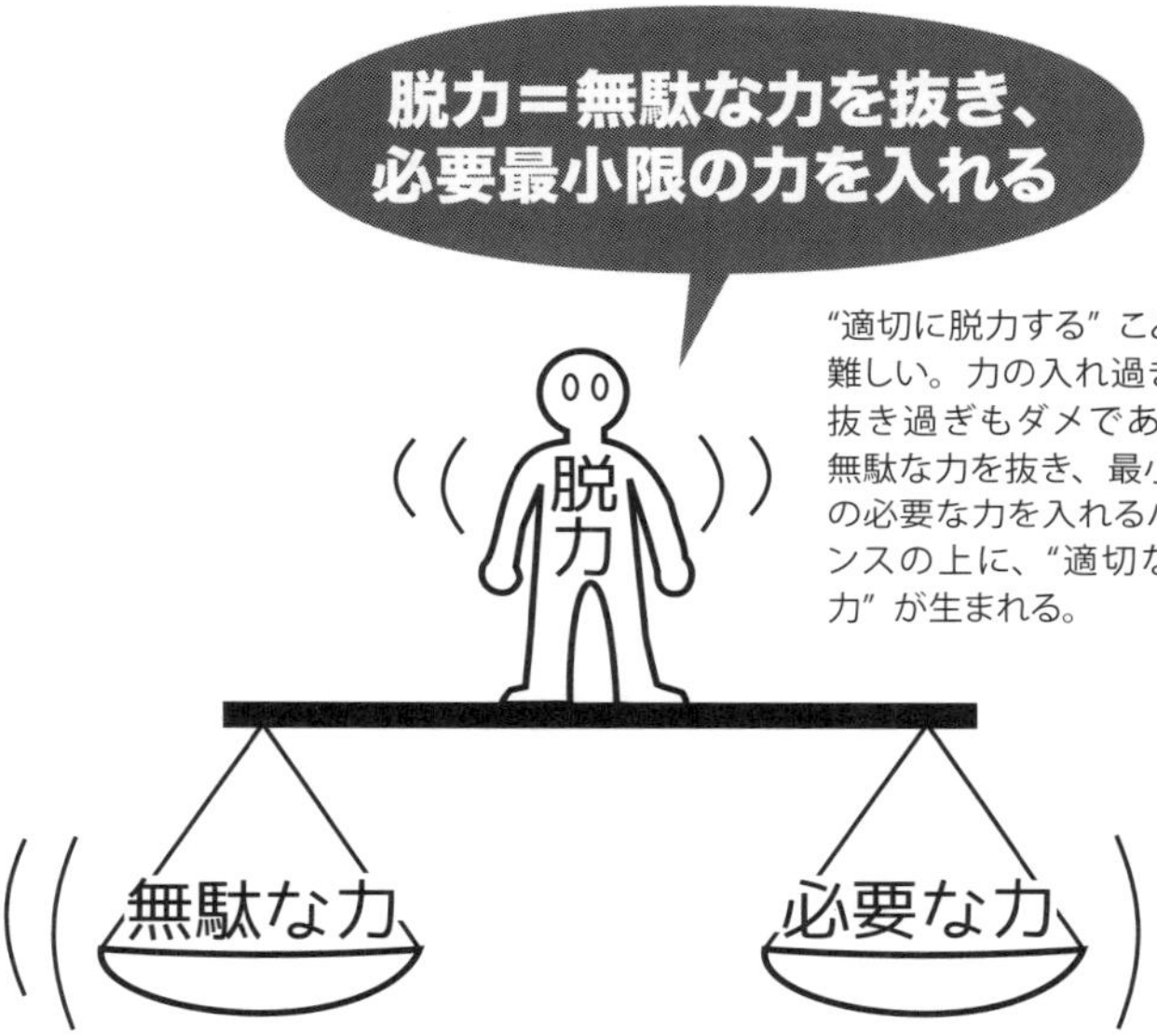
脱力＝無駄な力を抜き、
必要最小限の力を入れる
脱
力
無駄な力
必要な力

“適切に脱力する”ことは難しい。力の入れ過ぎも、抜き過ぎもダメである。無駄な力を抜き、最小限の必要な力を入れるバランスの上に、“適切な脱力”が生まれる。

無駄な力、必要な力

ではどうすれば最小の力加減で立つことができるのか。

筋肉というのはその働きによって姿勢を維持する筋肉（インナーマッスル）と身体を動かすための筋肉（アウターマッスル）に分類することができます。インナーマッスルは持久力があり長時間使っていても疲れづらいという特徴があり、アウターマッスルは瞬発力のある動きは得意ですが疲労しやすい。

姿勢を維持するのは本来インナーマッスルなのですが、実際にはアウターマッスルを使っている人が多い。そしてこのアウターマッスルで姿勢を維持しようと

脱力の感覚をつかむ運動 ①

×

○

前ならえの姿勢で膝を軽く緩めリラックスして立つ。インナーマッスルを使えていれば、数十分間この姿勢を維持していても、腕や足に疲れは出てこない。逆にアウターマッスルを使っている場合は、しばらくすると、肩や足に疲れが出て、痛みを感じてくることもある。“適切な脱力”の感覚を養うのに、この姿勢を数十分間、維持できるか試してみるのも良い。

する力がまさに「無駄な力」なんです。

　例えば以下の方法を試してみましょう。前ならえの格好で膝を軽く緩めリラックスして立ちます。とりあえず10分くらいじっと動かないでいると肩が痛くなったり手を持ちあげているのがつらくなったり、足が疲れてブルブルしてくるかもしれません。もしそのような痛みや疲れが出た場合は姿勢を維持するのにアウターマッスルを使っています。インナーマッスルが使えていれば30分くらい立っていても腕も足も疲れません。

　今度は片足立ちになってそこからゆっくりとスクワットのようにしゃがんでから立ち上がってみます。スクワット自体はアウターマッスルを使いますが、姿勢

脱力の感覚をつかむ運動 ❷

片足立ちから、ゆっくりとスクワットのようにしゃがんでから立ち上がる。インナーマッスルを使えていればほとんど力感なく行える。必要最小限の力で行うことを意識して、この動作をやってみることで、脱力しながら動く感覚をつかむ手助けとなる。

の維持はインナーマッスルを使わないとかなりきついです。インナーマッスルが使えればほとんど力感はありません。

脱力したけりゃ筋トレしろ

脱力系の武道では筋トレ不要論というのがよく出てきますが、私は筋トレ自体は否定しません。ただし重要なのは動作をするためのアウターマッスルと姿勢を維持するためのインナーマッスルをしっかり区別したトレーニングをしているかどうかです。ごちゃ混ぜに鍛えてしまった筋力は脱力を邪魔する「無駄な力」になってしまう可能性も大です。

「無駄な力を抜く」というのは裏を返せば「必要な力は入れる」ということになります。だとしたら脱力を身につけるには二つの方法があります。ひとつは姿勢を作る際に無駄な力であるアウターマッスルの力をどんどん抜いていけば結果としてインナーマッスルが残って働くようになり脱力できるという方法。もうひとつはインナーマッスルをトレーニングすることで無駄な力であるアウターマッスルを使わずに姿勢を作れるようになり結果として脱力ができるという方法。

どちらの方法を取るにせよ脱力というのは身体を動かすためのアウターマッスルと姿勢を維持するためのインナーマッスルを使い分け、無駄な力と必要な力のバランスの最小値の力加減を作ることが重要です。

重力はフリーエネルギー

最小の力加減を身につけるためにはそれを感じ取るセンサーが必要です。

そこで重要なキーワードとなってくるのが「重力」です。一定以上力を抜くと身体が立っていられなくなり崩れていくというのは、重力によって下に引っ張られるからです。その重力に引っ張られる力を感じ取ることができれば最小値の力加減を調整することができます。逆に言えば重力がわからなければ、どの程度まで力を抜いていいのかの感覚がつかみづらいのです。

そしてもうひとつ重力を感じることの重大なポイントがあります。重力というのは我々の周りには常に存在している力であり、その影響をいつも受けています。逆に言えば人のあらゆる動きはこの重力に逆らうことで成り立っているとも言えます。しかし重力というのは人の動きを制限する足かせのようなものなのでしょうか。私はそうは思いません。むしろ重力という力に従い身体を使うことで、重力は身体を動かす時の助けになります。

筋肉は動き続ければ疲労消耗していく限られたエネルギーです。しかし重力は減ることのないある意味永久機関のフリーエネルギーなんです。だとしたらその重力のエネルギーのたとえわずか一

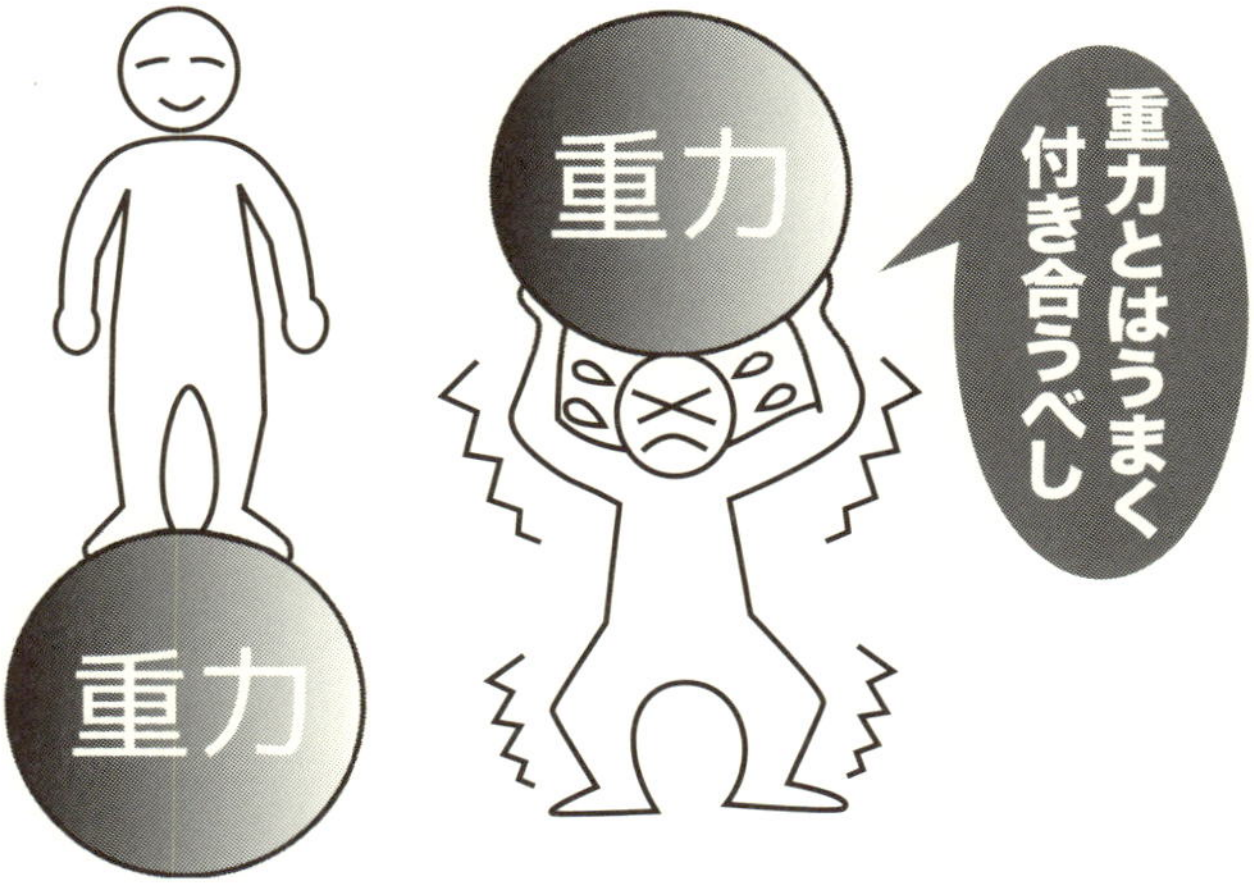

重力は人の動きを制限する足かせになるだけではない。重力とうまく付き合い、その力をうまく使うことで、身体操作の助けとなる。筋肉による動きを続ければ疲労消耗していくことは避けられないが、重力のエネルギーを利用することで、省エネにもなる。

部だとしても利用することができればかなりの省エネになります。

以上の理由から脱力の感覚を身につけ、無駄な筋力に頼らない力（重力）を利用した技が使えるようになるには、重力を感じることがとても重要です。

重力で水はこぼれない

では次に、実際に重力を感じるためにはどうすれば良いか考えてみましょう。

地上における重力は生まれてからずっと変わらずあるものなので、日常の中で重力をいちいち感じることはありません。しかしどんなモノでも人でも常に重力は影響しているし、地球の中心に向かって、つまり下に引っ張る力はあるのです。例えば何かモノを持った時に、「重い」と感じるのは重力があるからですから、重力を感じるにはまずは「重さ」という感覚が一番わかりやすいと思います。

片手にペットボトルでも持ってみてください。その状態でリラックスしていれば、ペットボトルを持っている手が「重い」と感じるはずです。つまり「重い」と感じている手はペットボトルの重力を感じていると言って良いと思います。

では次に上半身全体にグッと力を入れてみてください。するとペットボトルの重さがほとんど感じなくなります。これはペットボトルの重力を感じることができなくなったわけです。

反対に手の力を抜き過ぎればペットボトルは手から離れて落ちてしまいます。つまり重力を感じるためには力を入れ過ぎてもダメですが、力を抜き過ぎてもダメなんです。ちょうどペットボトルを落とさずに持てるギリギリの力加減。これがペットボトルに対する最小値の力を維持した状態になるのです。

歩いたりして動いても、常にペットボトルの重さを感じ続けることが必要です。感覚がわかってきたら、水が入ったコップを持って動いてみましょう。余計な力が加わったり力を抜き過ぎれば、コップの水はこぼれてしまいます。水の下に引っ張る力、重力をしっかり感じることができれば、コップの水はこぼれずに自在に動くことができます。慣れれば、水の入ったコップを持ったまま技

水の入ったコップを持ったまま技をかける

水の入ったコップを持って動くことで、重力を感じる練習になる。水の重さ、つまり水を下に引っ張る重力をしっかり感じることができれば、コップの水をこぼさずに自在に動くことができる。さらには、その感覚を高めていけば、写真のように、水の入ったコップを持ったまま水をこぼさずに技をかけることができるようになる。

身体の重力を感じるトレーニング

重力を感じるトレーニング法の一つにバランスボードがある。最初はバランスボードの上で立っているだけでも難しいので、まずはそこから始める。その後、バランスボードの上で正座するトレーニングや、写真のようにスクワットをするトレーニングも行い、脱力して重力を感じる感覚を養おう。

をかけることも可能です。

重力を感じるトレーニングというのは工夫すれば色々な方法があり、卵を立てたり、ロックバランシング（色々な形の石を積み重ねる）なんかも重力を感じるには良いトレーニングです。最終的にはモノではなく自分の身体そのものの重さ（重力による下に引っ張る力）を感じ取れるようにします。

自分の身体の重力を感じるトレーニングとしてバランスボードもおすすめです。単純に立つだけでもインナーマッスルのトレーニングになるし、脱力して重力をしっかり感じ取れないとバランスを保つのが難しいです。これも慣れればお尻や正座などでもバランスをとったり、バランスボードの上でスクワットができるようにしましょう。

さて第1章は脱力について書きました。次章からはさらに身体を細分化した稽古法等を紹介していきますが、重力感覚による脱力は常に念頭においてください。

柔術の術理において重力を感じるというのは必須条件になります。柔術は重力に従えば従術になり、重力のフリーエネルギーを味方にすることで自由術となる。重力を敵とするか、味方にするか、それはあなた次第です。

■

第2章

「七転び八起き」

～迷ったら転がれ～

受身って何？

第2章のテーマは「受身」です。柔術をはじめ柔道や合気道等ではどんな技術よりもまず最初に習うのが受身です。では、なぜ受身を最初に習うのか？　Wikipediaで「受身」を調べると「受身（うけみ）は、格闘技において投げられたなど、地面にぶつかる際に、身体的ダメージを軽減するための防御の姿勢・動作である」とあります。つまり受身というのは一般的にはケガ防止といった捉え方でしょう。しかし本当にそうでしょうか。

もちろんケガ防止という一面は間違っていませんが、柔術や合気道など投げ技が主となる武道においては、受身は「身体的ダメージを軽減する」という消極的なものではなく「身体に加えられた力をコントロールする」という積極的な技術として使用します。

受身が身につけば相手の力を吸収・無力化して相手の動きを自由にコントロールしたり、身体に触れるだけで相手の力を抜いていくことも可能です。柔術は受身にはじまり受身に終わる、と言っても過言ではないくらい重要な技術です。

長年柔術をやっていて言えることは、受身がうまい人は技もうまい。逆を言えば受身が下手な人は技も下手です。なぜなら受身というのは力の流れをコントロールする技術ですので、それができないということは相手との力の衝突が起きることになるからです。

技のうまい下手は受身を見ればわかる

受身の重要性がわかってくると技を見る時の視点も変わってきます。例えば技を見る時はどうしても技をかけている人の動きを見てしまいますが、うまい人の技ほど外からの動きは消えて何をやっているか見えません。しかし受身というのは投げられて転がることで、その見えない技を「見える」ようにしてくれるのです。だから受身をとっている人の身体の動きや反応を見た方が技がよくわかります。

受身がうまい人は投げられた力を上手に身体に通すので、力の流れがわかりやすく綺麗に転がります。極端な話、素人の技でも受身がうまければ相手の雑な力を上手に身体に流せるので綺麗に転がれます。だけど受身が下手だと上手な人が技をかけても力の線がプツプツと切れて受けが汚くなります。

だから私は技などを見る時には技をかけている人よりも受けを取っている人の技術レベルの方が気になります。「おっ、この人は受けがうまいな」「あれれ、力を身体に通さずに跳んじゃってるよ」とか……。

もちろん技というのは見た目の綺麗、汚いで判断するものではありませんが、うまい技とうまい受身の組み合わさった技は見ていても非常に気持ちが良いです。個人的には柔術の技術の上達度合いを評価するのなら、技がどれくらいできているかよりも技をかけてみて受身がどれくらいできているかを見た方がわかります。

柔道の試合でも、投げた方ではなく上手な受身をとった方に一本を与えるようなルールだったら面白いと思うんですけどね。実況も「おぉ！　あの強引な投げであんなに綺麗に受身をとるとは流石《さすが》ですね」「あの無茶な姿勢からよく相手の力を吸収して受身をとりましたね、見事な一本でした」みたいに。

受身と抗身

ところで受身の反対語って何でしょうか。「受け」に対して「取り」と言ったり「攻め」または「仕手」という言葉はありますが、それでも「受身」に対して「〜身」という言葉はありません。

では受身というのは相手の技を受けるという意味ではなく、重力を受け入れると考えてみたらどうでしょう。重力を受け入れるというのは自然の法則に沿った身体、つまり自然体です。「受身＝自然体」と考えたら、技をかけられた時だけ自然体で、技をかける時は不自然体ではおかしいですよね。

つまり受身というのは、柔術において常に維持するべき身体の状態を指し示しているのです。受身＝技を受ける、という狭義の意味ではなく、受身という言葉の中には、取り、攻め、仕手など全てが含まれています。

受身の身体で立ち、受身の身体で歩き、受身の身体で転がり、受身の身体で相手を投げる。前章でも書いたように重力を敵にするか味方にするかは自分次第であり、受身というのは重力を味方にするための身体の使い方なのです。重力に抗《あらが》えば重力は敵になります。そう考えると受身に対しての反対語は抗身《あらがみ》という表現でも良いかもしれません。

受身のやり方

動きとしては真っ直ぐしゃがんで仰向けに転がる、これだけです（次ページ写真）。例外を除いてどんな風にバランスを崩しても９割９分はこの方法で受身をとります。イメージは外部からの力を全て吸収して地面にアースする感覚。地面を蹴って跳ぶような受身はしません。

では具体的な身体の使い方について詳しく説明していきます。大事なのは二つの条件を満たすこと。

まず一つ目の条件は脱力して立つ。この立ち方は前章の脱力で説明したように、重力を感じるくらいの最小値の力で立つという感覚です。

受身のやり方

ここで解説する受身は、「身体に加えられた力をコントロールすること」を身につけるためのものである。やり方としては、できるだけリラックスして立ち、上体を垂直に落とすようにしてしゃがみ、仰向けに転がる。注意点としては、加えられた力を足裏にまで通し、そこから地面へ放すイメージで行うので、しゃがむ際に上体が前や後ろに傾かないようにする。下の3枚の写真は、壁を使って上体が前後に傾かないための稽古法。×のように臀部を後ろ方向に倒すのではなく、○のように壁に沿って真下に体を落としていく。上の写真からも、垂直に体を落とし、そこから転がっているのがわかる。

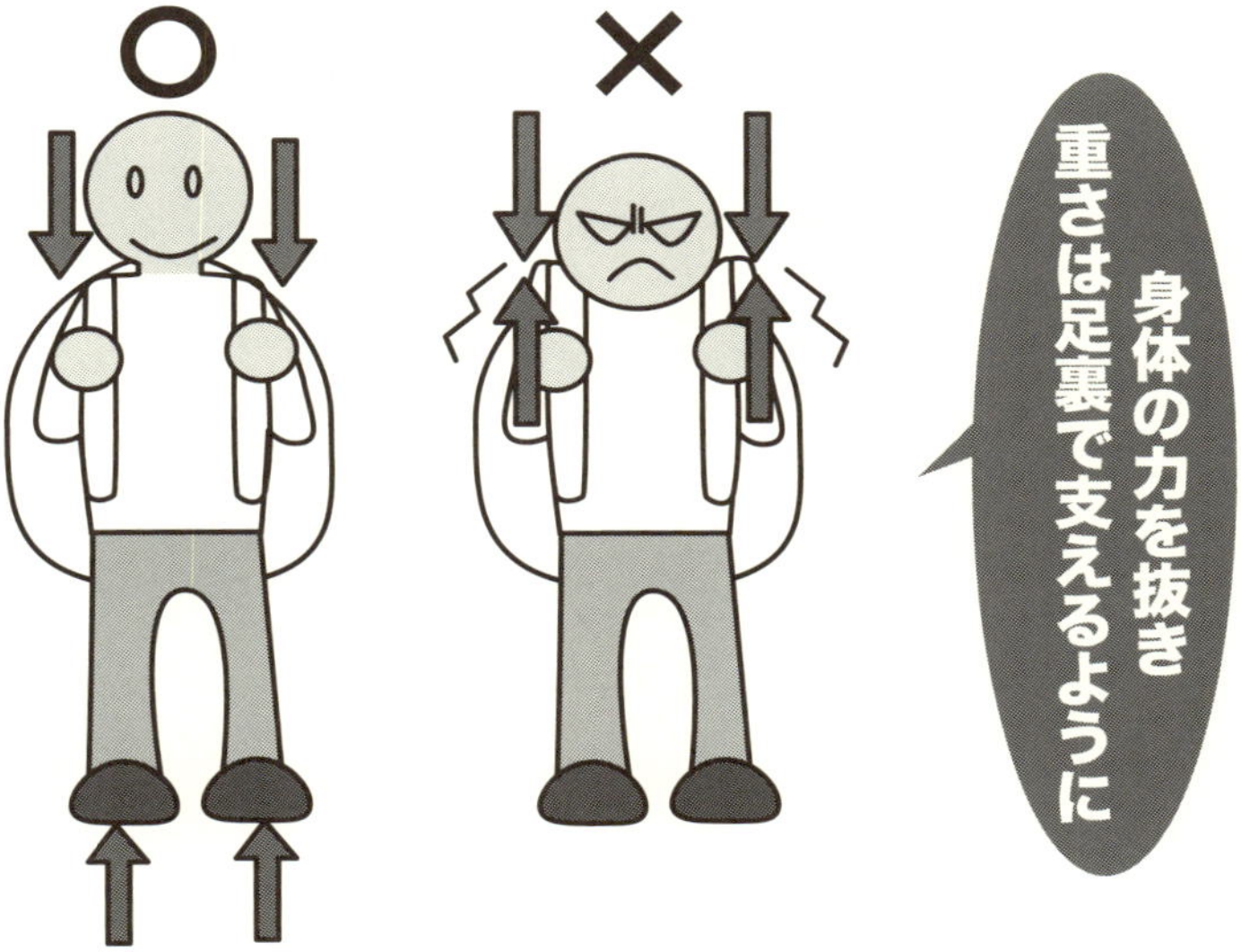

重たいリュックを背負う場合、肩に力が入っていると、リュックの重さは肩で止まってしまう。しかし、肩の力を抜けば腰に、腰が緩めば膝に、膝が緩めば足裏に、というように、身体の力が抜ければ、重さは最終的に足裏で支える形になる。

例えば重たいリュックを背負ってみます。その時に肩に力が入っていると、そのリュックは肩で支えているわけですからリュックの重さは肩で止まっていると言えます。しかし肩の力を抜けばリュックの重みは腰におりてきます。でも腰が緊張していれば今度はリュックの重みは腰で止まります。腰が緩めば今度は膝に、そして膝が緩めば足裏に……というように身体の力を抜けば最終的にリュックの重さは足裏で支えるという感覚になります。つまり身体の力を抜いた状態であれば身体に加えられた力や重さは足裏まで降りてき

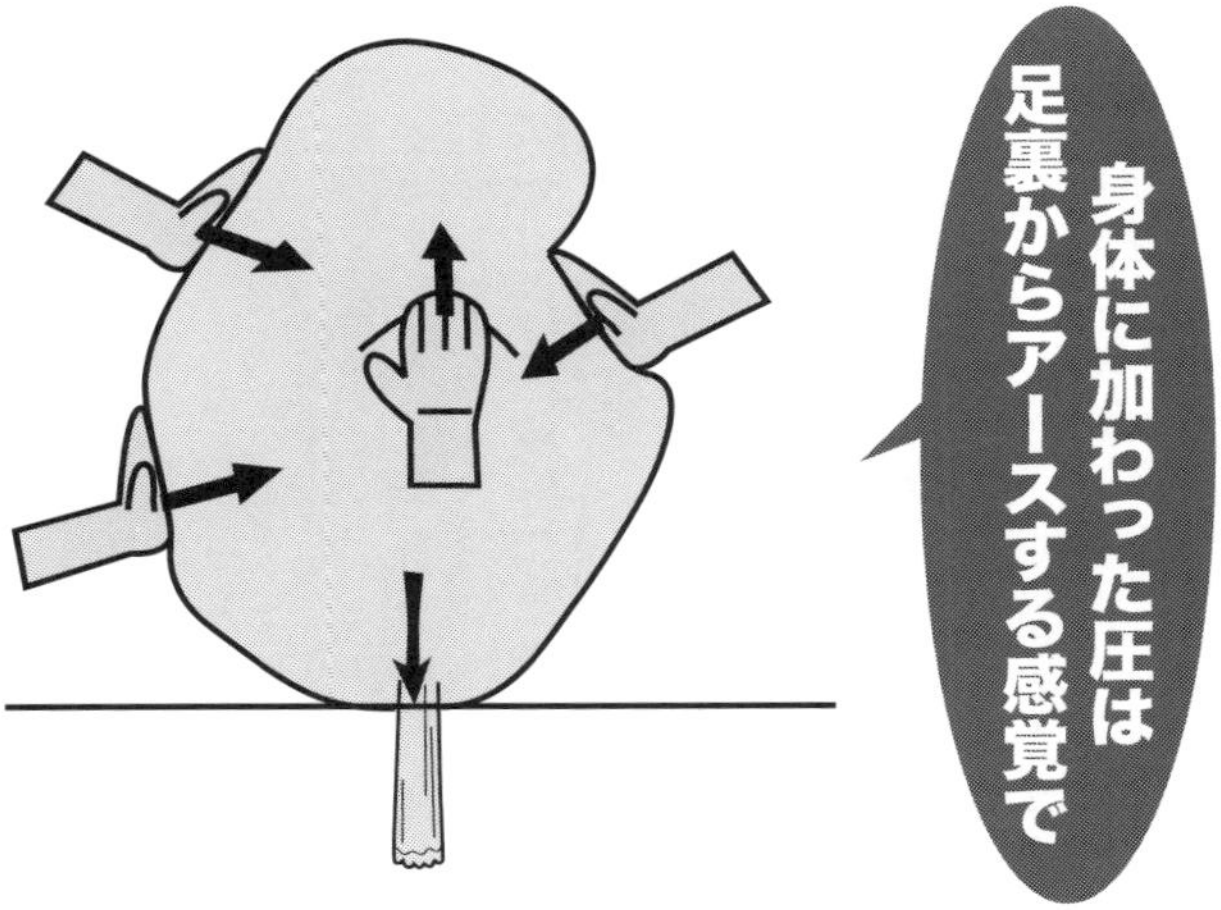

身体に加わった圧は、足裏から放つ。そのための方法として、自分の身体がゴム風船で、中が水で満たされているとイメージしてみる。身体のどこかを押されると、風船内の水の圧力は高まるので、足裏に穴をあけて水を抜く（つまり、圧を足裏から抜く）ようにする。

ます。

受身は外部から力を加えられてから脱力するのではなく、最初からなるべく脱力して立っていることが重要です。緊張した部分が身体に残っていると、身体の中を力が通らずに「止まって」しまいます。

二つ目の条件は足裏から力を抜いていくこと。自分の身体をゴム風船のようにイメージして身体の中は水で満たされているとします。その身体のどこかをグイと押し込むと身体の中の水の圧力は高まるので、足の裏にプスッと穴をあけて水を抜いていって圧を抜いていく感じです。

もし足裏ではなく押し込まれた場所に穴があいてしまったら力の圧が身体の中に入ってこないし、腰などに穴があいてしまえば、そこから力が逃げてしまい身体のバランスが崩れてしまいます。

この二つの条件を満たした受身をこんな風にイメージしてみてください。生卵が自分に向かって投げられ、それをキャッチして転がります。もしその時に緊張して固まっていたら生卵はキャッチと同時に割れてしまいますので、なるべくリラックスして力を抜いて衝撃を柔らかく吸収できるようにしておきます。これが受身の一つ目の条件を満たした状態。

次に生卵をキャッチした衝撃を足裏から力を抜いて転がっていきます。キャッチした生卵は転がった後も手の中に残っています。もし力を足裏ではなく手から抜いてしまっては生卵は手から離れて落ちてしまいます。これが二つ目の条件を満たした状態。

この二つの条件は常にセットで、一つ目の条件が満たされていなければ加えられた力は足裏まで届かないのですから、足裏から力を抜いても接点に影響を与えることができません。二つ目の条件が満たされなければ加えられた力は行き場を失い相手とのつながりはなくなり、自分自身がバランスを崩してしまいます。二つの条件はどちらが欠けてもうまくいきません。

受身の稽古

では実際に受身の稽古をしてみましょう。受身をする人は一つ目の条件で力を抜いて立ち、誰かに身体を押してもらいます。肩でも胸でも手でも力を加えられた圧を二つ目の条件で足裏から力を抜いて転がっていきます。

「なぜわざわざ自分から崩れて転がらなくちゃいけないんだ」と思う人もいると思いますが、最初にも言ったように受身は力の流れをコントロールするために必要な感覚です。投げられるのは負けというようなネガティブなイメージではなく、受身は技を身につけるために必要な技術であるというポジティブな意識で稽古しましょう。

ただし注意点として、意識的には転がる必要はありますが、相手が力を加えてないのに勝手に転がらないように。相手との接触という「つながり」の感覚を持たずに自分勝手に受身をとってもそれは全く意味がありません。受身の稽古は最初は一対一で行い、慣れてきたら複数の人にランダムに身体を押されたり引かれたりしながら受身をとってみましょう（左ページ写真「受身の稽古1」）。

受身の稽古1

①〜③著者の道場で行われる受身の稽古法の一つ。身体を押されて転がり、立ち上がったところをまた押される動きを繰り返す。身体の色々な場所を様々な方向から押してもらう。一人での稽古の時と同じく、加えられた力は足裏から放つ意識を持って行うことが重要。繰り返しになるが、著者の道場では、「身体に加えられた力をコントロールする」ために受身の稽古を行う。④のように圧に対して踏ん張ってしまったり、⑤のように圧によって前後や横に倒れる形にならないように気をつける。あくまで、加えられた圧は足裏まで落として、そこから放つように。

転がらない受身

受身を技で使えるようにするには、二つの条件を保ちながら転がらずに動けるようにしなくてはなりません。では今度は転がらない受身の稽古をします。稽古の方法は今までと同じで、誰かに押してもらったりしてその力を受身で足裏に通して吸収します。ただし今度はそのまま転がらずにギリギリで姿勢を保ちます（左ページ写真「受身の稽古２」）。

転がらずに姿勢を保とうとする意識が強いと下半身が固まりやすく、結果上半身だけで力をいなそうとしてしまいます。あくまでも相手の力は足裏から抜いていかなければなりません。これも慣れてきたら二人、三人、四人と徐々に人数を増やして連続して力を加えられても受身で力を吸収できるようにしましょう。

連続的に力が加わると力を抜いた状態を維持するのは難しくなりますが、この受身ができるようになると相手の力を瞬間的に地面にアースできるようになります。

受身の稽古２（転がらない受身）

今度は、加えられた圧を抜きながらも、転がらずに立ち続ける稽古。①圧を加えられ、その力を足裏から放ちながら、②体を元の位置に戻す。③そこにまた圧を加えられ、④また体を戻す。これを繰り返す。転がる場合は、力を抜き続ければよいが、この稽古では体を支える最低限の力が必要になる。武術でも、他のスポーツでも、力を抜いたまま身体を動かせるようにならなければいけないので、その身体の使い方を養うための稽古になる。⑤は、複数人に押してもらっているところ。圧が加わる間隔が短くなるので、力を吸収するための、より高い対応能力が必要となる。

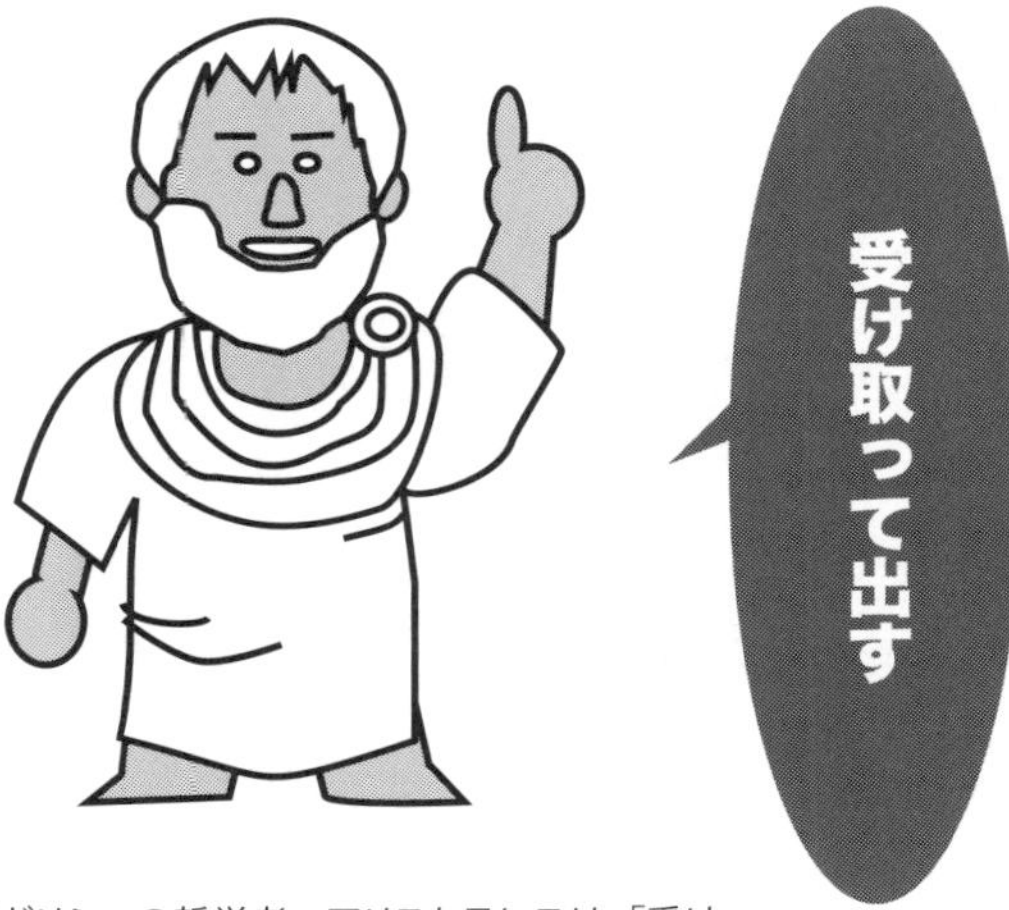

古代ギリシャの哲学者・アリストテレスは「受け取って出すのが生命の本質である」と言ったという。この“真理”は、受身についても同じである。まずは相手の力を「受け取る」ところから始めることで、技の上達が可能となる身体作りにつながっていく。

受けて出すのが生命の本質

古代ギリシャの哲学者であるアリストテレスは「受け取って出す」のが生命の本質であると言いました。一番わかりやすいのは食べたら排泄するということ。決して排泄してから食べるということはありません。

受身というのもまさに「受け取って出す」という真理を身体で表現したものです。技をかけよう、相手を投げようという気持ちが強いと「受け取る」ことができませんし、かといって相手の力から

待たせたな
転才
転才は忘れた頃にやってくる

いわゆる天才と言われるような人は、身体の赴くままに技を出してみたらできてしまった、といったことが起こる。しかし、一般の人はなかなかそうはいかないものなので、やはり受身などの土台となる部分をしっかり身につけることなしに、技の上達はない。

逃げても、止めても駄目です。技を「出す」にはまず「受け取る」ところから始めなくてはなりません。上達の順番としては受身ができるから技ができるようになるのであって、技ができてから受身ができるのではありません。

とはいえ、例外がないわけではありません。料理で言えば、適当に作ってみたら美味しい料理（技）ができた。でもレシピ（受身）はわからないという状態です。世の中には美味しい料理を直感的に作れる人もいますが、「やったらできちゃった」という感覚でレシピが存在しないので、人にその料理の作り方を教えることができません。世に言う天才というのは、このような感覚に近いのだと思います。

天才じゃない人間がレシピもなく料理を作れば当然美味しく作ることはできないし、偶然美味しくできても同じものを続けて作る再現性がありません。

だからこそしっかりと受身（レシピ）を身につけていれば、何度作っても同じ味の料理（技）ができるようになるのです。

我々、凡人は天才にはなれませんが、受身というレシピを身につけることで転才にはなれるのです。どんな技術も地道な稽古を積み重ねていけばある日ふっとできるようになります。

昔から言いますよね。「転才は忘れた頃にやってくる」って。

■

第3章

“陰陽”「楯の両面を見よ」

～身体も頭も居つかないように～

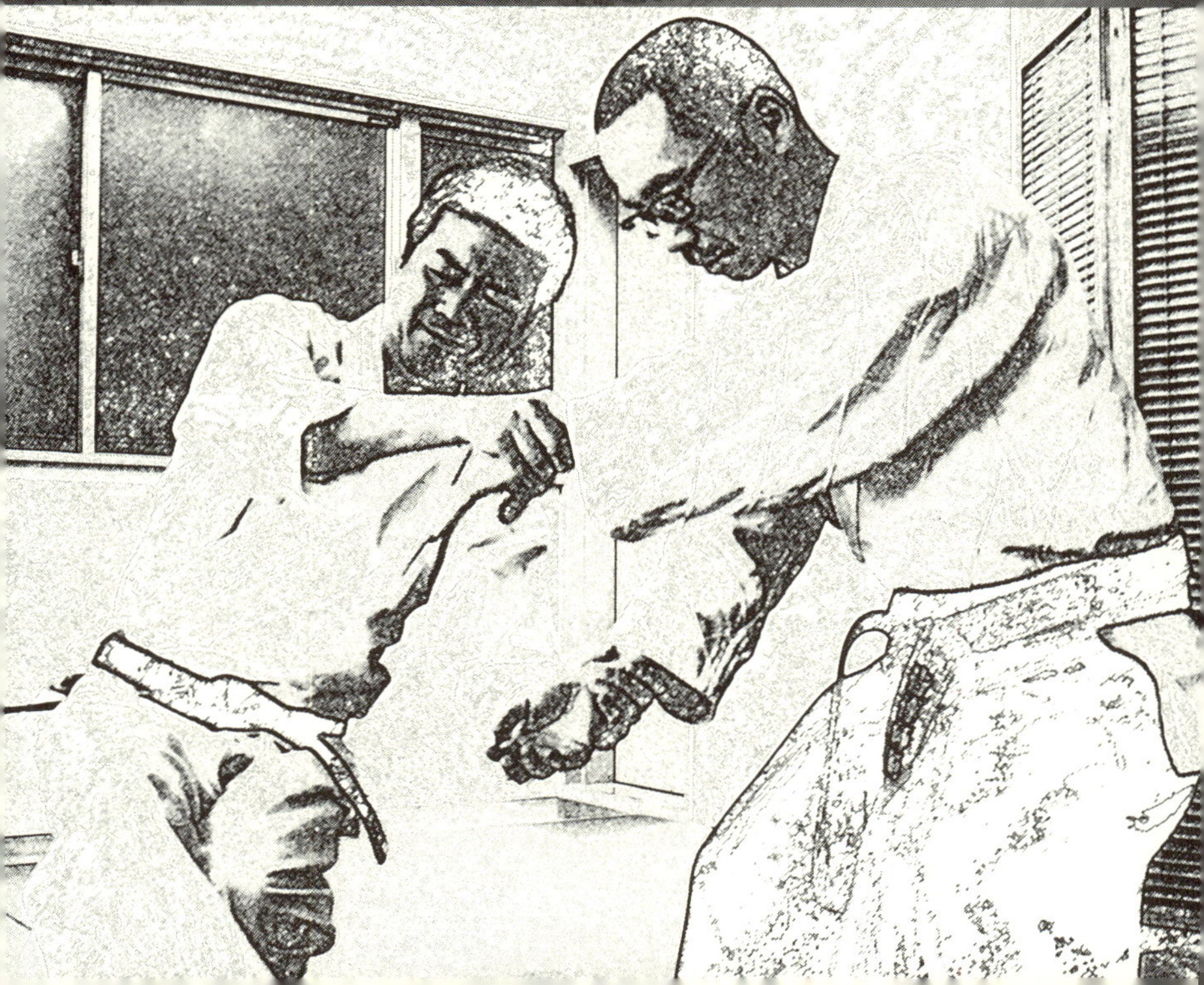

第3章のテーマは「陰陽」です。なんだか抽象的なテーマのように感じますが、柔術において陰陽はぜひとも押さえておきたい考え方です。

陰陽を理屈だけで考えてしまうと、なんだか頭でっかちになりそうですが、実は陰陽は身体の動かし方を考える上でも非常に便利なツールなんです。自分の動きのどこがおかしいのか、なぜ相手が崩れないのか。陰陽の仕組みがわかればその謎が解けるのです。

では、最初はちょっと説明が長くなりますがお付き合いください。

陰陽とは?

陰陽とは様々な事柄や事象を陰と陽の二つの対立するカテゴリに分類する考え方です。上下、明暗、剛柔、男女など。

ただし勘違いしてはいけないのは陰陽は単純な二元論ではないということ。例えば剛が陽、柔が陰という風には分類できますが、実際には剛の中にも柔があり、柔の中にも剛があります。ですのでどちらかが正しくて、どちらかが間違いという固定した分類ではなく、それぞれの状況によって変化しながら存在する対立した事柄として考えます。

分かりやすい例が硬貨。例えば100円玉の100と書いてある方を裏（陰）とするならば、絵柄の書いてある方は表（陽）となります。しかし絵柄が描いてある方を裏（陰）と考えれば１００と書いてある方が表（陽）とも考えられます。

つまりどちらが陰でどちらが陽であるというのは固定されたものではなく、どちらの見方をするかで変化するのです。硬貨はどちらが裏でも表でも問題はないが、どちらも裏、どちらも表では硬貨にはならない。つまり陰陽である表裏が一体となって初めて硬貨になるのです。そういう意味では陰陽というのはそれぞれが対立しているというよりは、それぞれがお互いを補うような関係性を持っていると言えます。

陰陽のバランス──中庸という考え方

陰陽を考える上でもうひとつ大事なポイントが中庸という考え方です。中庸というのは、どちらか極端にかたよらずに適度な状態のことです。

例えば柔術における適度な力加減（中庸）というのは、緊張（陽）と脱力（陰）のバランスがとれた状態です。ただしこのバランスというのは単純に半々ということではありません。

例えば人間の体温は36度〜37度くらいが適温です。これが単純に０度と１００度の真ん中50度を中庸と考えてしまうと、人間は死んでしまいます。人間にとっては36〜37度くらいが中庸であり、陰陽でいえば36度以下が陰、37度以上が陽と考えられます。

　重力における陰陽の関係はどうでしょう。重力というものは、地球に向かって引っ張る力である引力（陽）と、地球の自転によって外に飛び出そうとする斥力《せきりょく》（陰）のバランスによって成り立ちます。地球においては斥力より引力がやや強い１Ｇという状態が重力における中庸となります。もし引力と斥力が同じ力で釣り合ってしまうと０Ｇ、つまり無重力になってしまいます。

引力（陽）と斥力（陰）が同じ力で釣り合ってしまうと０Ｇ、つまり無重力の状態になってしまう。地球上では、斥力より引力が物体自体の重さの分だけ強い１Ｇの状態が、重力における中庸となる。

中庸というのは物事を単純に真ん中に切り分けるような考え方ではなく、陰陽のバランスが変われば中庸も変化するものです。柔術における身体の使い方というのは力の入れ過ぎでもなければ力の抜き過ぎでもない、陰陽のバランスがとれている中庸の状態を目指すということなんです。

身体の陰陽

陰陽の考え方を具体的に身体で考えてみましょう。まずは両手をバンザイして立っている姿を想像してください。この時の身体の前面が陰、背面が陽と考えます。東洋医学を勉強した人ならよくご存知だと思いますが、これは動物のように四足の状態で見た時は陽《ひ》のあたる方が陽、陰《かげ》になる方が陰と考えます。

ただし最初にも言ったように、ものの見方を変えれば陰陽はいくらでも変化します。例えば上半身は陽で下半身は陰、右半身は陽で左半身は陰、お腹は陽で腰は陰、など。だから身体のどこが陰で、どこが陽といったことよりも、重要なのは身体の前面と後面は陰陽のように相対する性質の違いがあるということだけを理解してください。

では身体の前後面における性質の違いとは何か。東洋医学においては陰の経絡は上がり、陽の経絡は下がるという性質があります。何が上がったり下がったりするのかと言えば、「気」という概

東洋医学では、動物のように四つ足の状態で見た時に、
陽のあたる方が陽、陰になる方が陰と考える。

念が正確なのかもしれませんが、「気」という言葉はわかりづらいので、ここでは単純に力の流れる方向としておきます。つまり身体の前面は力の流れは上に、背面は力の流れは下にと考えます。

ここでちょっと注意。今、上下という言葉を使いましたが、腕に関してはあくまでもバンザイをした状態をベースに陰陽を考えているので、腕をおろしてしまうと逆になり、上へ下へと考えるとわかりづらくなります。

腕以外に姿勢が大きく変わることはないので上下で考えても良いのですが、腕だけは手の掌側（陰）は力が外に向かい（力が出ていく）、手の甲側(陽)は力が身体の内側に向かっていく（力が入ってくる）と覚えるとわかりやすいです。

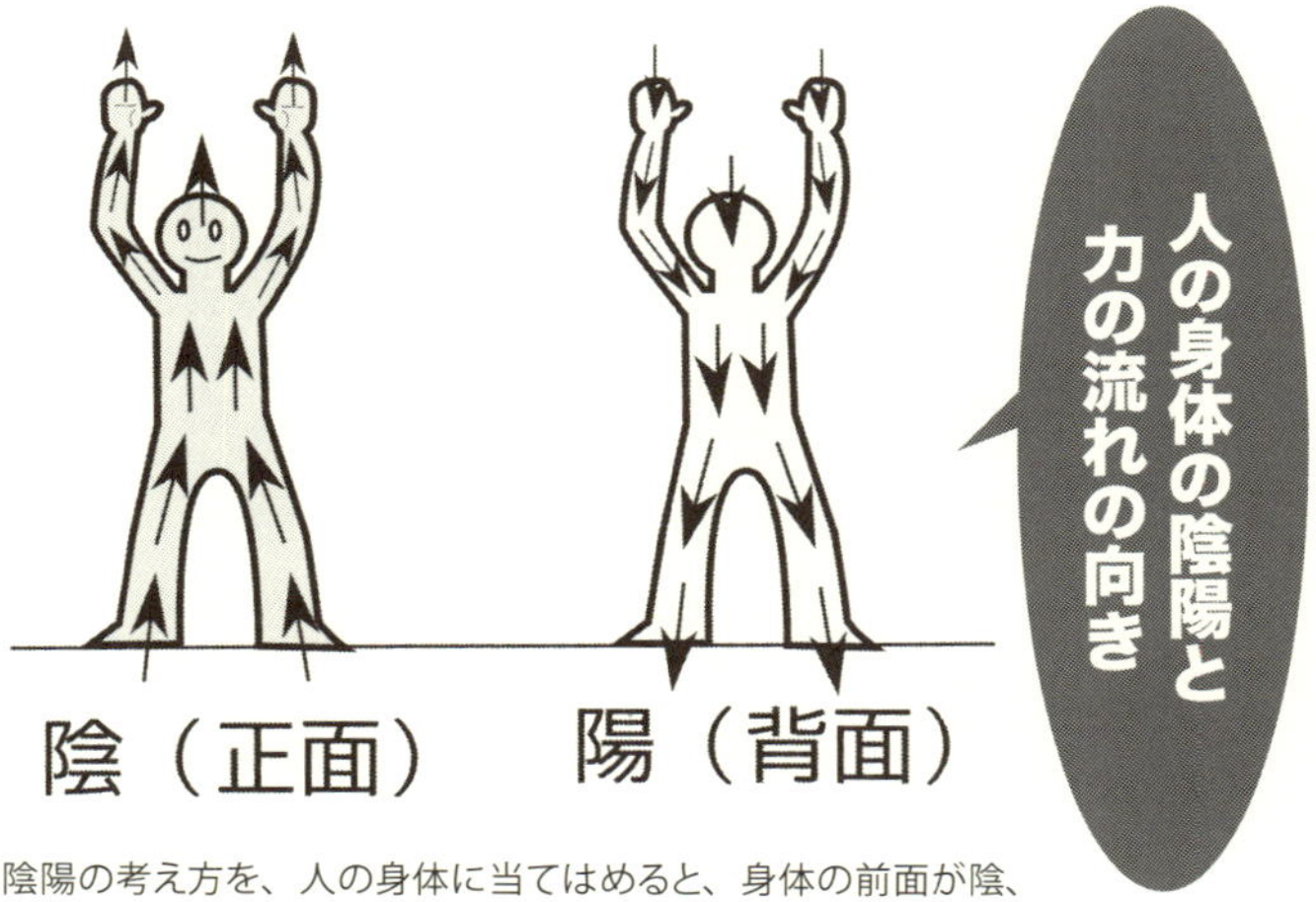
陰（正面）
陽（背面）
人の身体の陰陽と力の流れの向き

陰陽の考え方を、人の身体に当てはめると、身体の前面が陰、背面が陽となる。東洋医学では、陰の経絡は上がり、陽の経絡は下がるという性質がある。つまり、身体の前面は力の流れは上に、背面は力の流れは下に流れる、と考えられている。

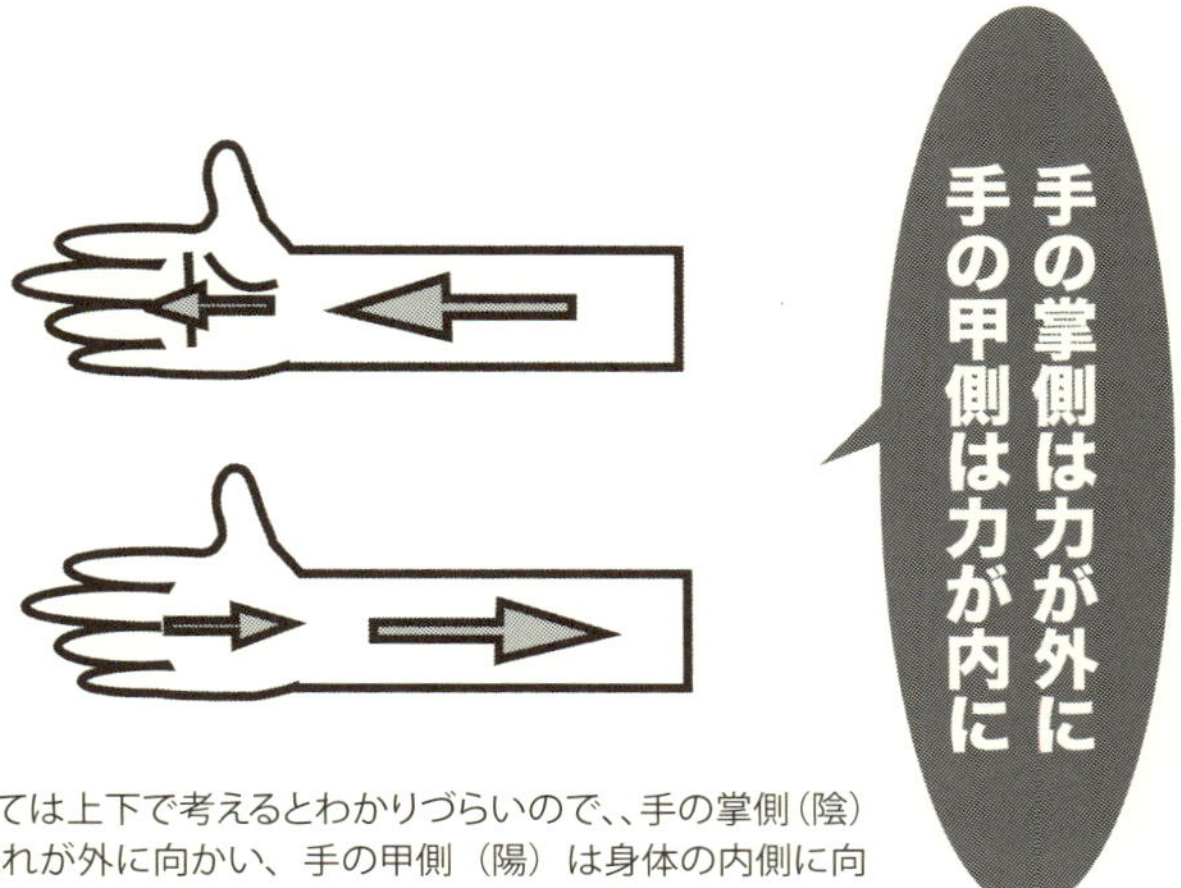
手の掌側は力が外に
手の甲側は力が内に

腕に関しては上下で考えるとわかりづらいので、、手の掌側（陰）は力の流れが外に向かい、手の甲側（陽）は身体の内側に向かって力が入ってくると覚えるとわかりやすい。

陰陽腕立て

陰陽の考え方に則って腕立てをすると、腕を曲げる時（②）は手の甲側（陽）を意識して地面から力を吸い取るように、腕を伸ばす時（④）は手の掌側（陰）を意識して地面に力を押し出すように行う。逆に、腕を曲げる時に掌側、伸ばす時に甲側を意識して行うと、ものすごく身体が重く感じられる。

陰陽スクワットと陰陽腕立て

さていよいよ具体的に陰陽で身体を動かしてみましょう。まずはスクワットです。方法としては背中から力が下に向けて下りていくイメージでしゃがみ（陽）、上がってくる時は胸やお腹がフワッと浮かんでくるようにイメージして戻ってきます（陰）。逆に胸やお腹を意識しながらしゃがんで背中を意識しながら立つというのをやってみると身体がとても重く感じると思います。

しゃがんで立つ、という行為自体は同じでも、力の流れる方向の意識を変化させるだけで身体が重くなったり軽くなったりするということは、身体が動く方向には順の方向もあれば逆の方向もあるということが言えると思います。

では今度は腕立て伏せをやってみましょう。腕は力が外に向かって出ていくのが陰、身体の中に入っていくのが陽なので、腕立ての腕を曲げる時は手の甲側（陽）を意識して地面からの力を吸い取り、腕を伸ばす時は手の掌側（陰）を意識して地面に力を押し出すように行います。

これも逆のイメージで手の掌側で力を吸い取るように腕を曲げ、手の甲側から力を出すように腕を伸ばしてやってみると、ものすごく身体が重く感じると思います。実際のところ、普段は何も考

えなくても腕立てをした時は、陰陽の法則に沿った身体の使い方で腕立てをしている方が多いと思います。なぜなら陰陽の法則というのは自然の法則なので、身体を無理なく使えば自ずと陰陽に従って身体は動くのです。

じゃあ陰陽なんて考えなくてもいいじゃんと言えば、その通りなんですが、人間はほっとくとどうしても不自然に動きたがる生き物なんです。それに無意識に動かしてうまくできている状態というのは、逆に問題が出た時、つまりスランプなどになった時にどこがおかしくなったのかがわかりません。そんな時に陰陽の法則を知っていれば、身体の動きが力の流れに沿ってちゃんと動いているか、うまくいかない時は力の流れに逆行しているんじゃないか、など、自身でチェックすることができます。

ですので陰陽の考え方というのは最終的には意識して使わなくてもできているのが理想ですが、適宜、身体の動きを確認したり、うまくできない時の問題点を探る際のチェックツールとして利用すると非常に便利です。

陰陽で立たせる

今度は陰陽を使って相手の身体に働きかけてみましょう。椅子に座っている人の手を握って立ち

陰陽による身体への働きかけ―立たせる

①〜②相手の手の甲側（陽）を握って引っ張ると、身体の内側に向かっていく力の流れと引っ張る力が逆向きなため、相手の身体は非常に重く感じられ、引き上げにくい。③〜④相手の手の掌側（陰）を握って引っ張ると、身体の外に向かっていく力の流れと引っ張る力が重なって、相手を楽に立たせることができる。

上がらせます。まずは相手の腕の甲側（陽）の部分を握って引っ張るように立ち上がらせてみます。腕の陽は身体の中に向かっているため、引っ張る方向とは力の方向が逆なので無理に引っ張ろうとしても相手の身体が非常に重くなります。

今度は相手の腕の掌側（陰）を握って引っ張ってみます。陰は外に出ていこうとする力の流れですので、今度は相手の身体は楽に引っ張れて軽く相手を立ち上がらせることができます。

陰陽による崩し

立っている人の側面に立ち、相手の胸を上にすり上げます。続けて相手の背中をすっと撫で下ろすと相手は崩れます。陰は上に、陽は下になので、これは陰陽の力の流れに沿った崩しになるのです。では今度は背中をすり上げ、胸を撫で下ろしたらどうでしょう。今度は相手は崩れません（左ページ写真）。

このように身体の力の流れがどちらを向いているか知っていれば、相手を崩す方向が自ずとわかってくるのです。

基本的に陰陽はどんな動きでも当てはめることができます。以降も身体の動きや崩しの方法などを陰陽で説明することがありますので、陰陽の法則はぜひ頭に入れておいてください。自分自身の

陰陽による身体への働きかけ―崩し

①〜②立っている相手に対して掌で胸をすり上げ、③背中を撫で下ろすと、④相手が自然体で力の流れを感じたとおりに動けば、簡単に崩すことができる。身体の前面は下から上へ、背面は上から下へと力が流れているという陰陽の法則に沿って身体を導くことで、崩しやすくなる。逆に、⑤〜⑥背中をすり上げ。⑦胸を撫で下ろすのでは、相手は崩れない。

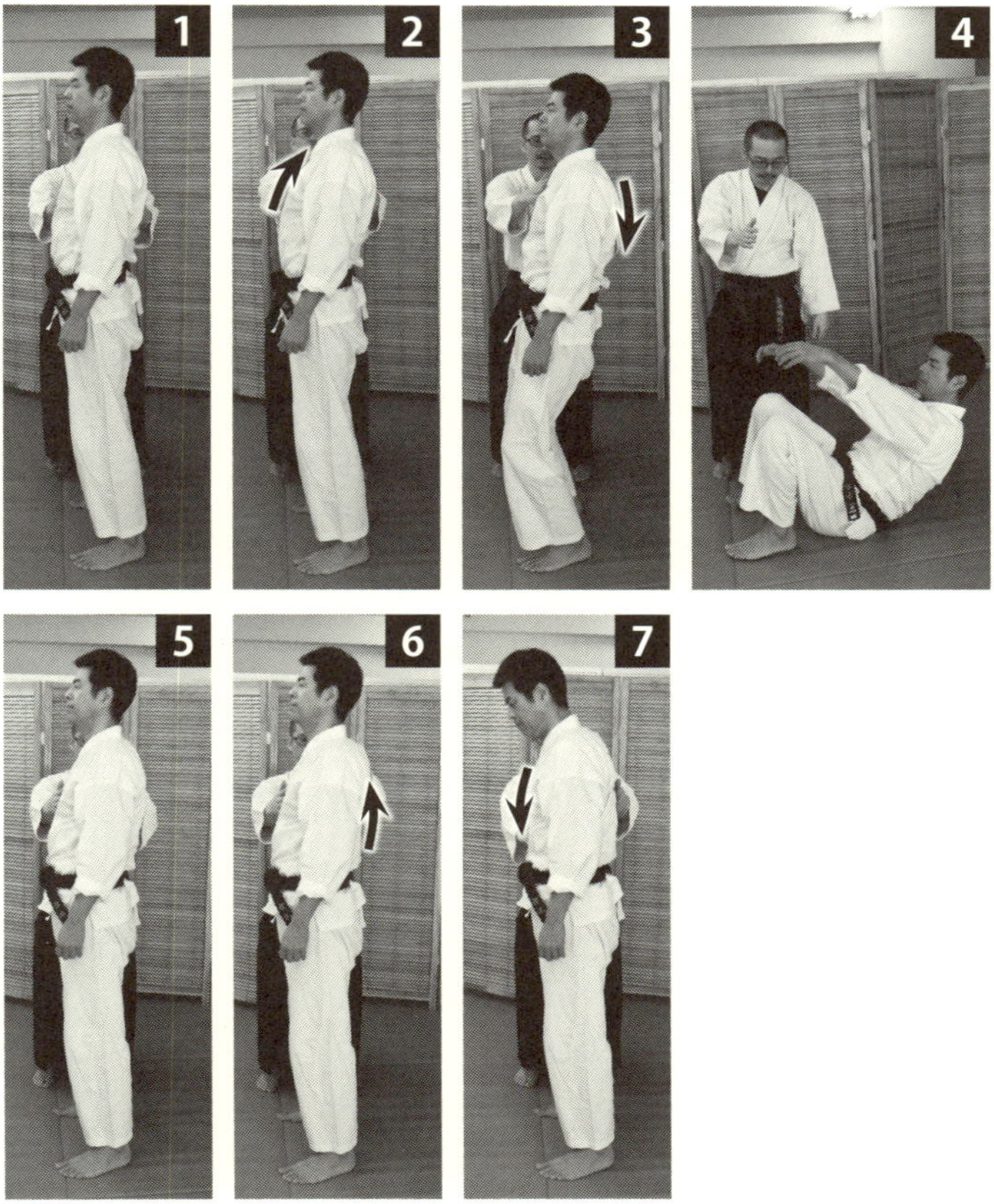

身体の動きや技などに当てはめてみると面白いので、皆さんもぜひ、色々と検証してみてください。

居つかない思考

八光流柔術は経絡やツボを使った技や指圧の技術があり、東洋医学がベースの陰陽との相性は良いです。しかしそういったものになじみのない人達にとっては経絡や陰陽というものはわかりづらい、もしくはうさんくさいくらいの印象があるかもしれません。なので陰陽という言葉を無理に理解する必要はありません。

ごく単純に身体の力の動く方向に法則性があるという程度に理解するだけでも充分に役立ちます。ただ物事のどちらが良くてどちらが悪いという白黒ではなく、物の見方を変えることで白も黒に、黒も白に変化するんだという考え方も、できれば理解してもらいたいです。

理論というのは突き詰めるほどに絶対的なものになりがちです。たとえその理論が正しくても、そのことで他の部分が見えなくなってしまっては結果的に全体像を見失ってしまい、いずれ袋小路に入ってしまいます。

どんなものにも絶対的な正解があるわけではなく、見方を変えるだけで正解も変わっていくのです。「犬が西向きゃ尾は東」は、「犬が東向きゃ尾は西」だっていいんです。どちらの方向が正しいなんてことはなく、結局東に進もうが西に進もうが地球を一周することには変わらず、東の先は西であり西の先は東なんです。

これを陰陽では「陰極まれば陽となし、陽極まれば陰となす」と言い表します。正しい方向だけを探して東にフラフラ、西にフラフラ、北にもフラフラなんてしていたら、結局はどこにもたどり着けないなんてことになってしまいます。

一つの考え方に固執してしまえば、それは思考の居つきです。柔術を身につけるには身体だけでなく頭の柔軟性もとっても大事です。もし考えが凝り固まりそうになったら、陰陽の魔法の言葉を叫びましょう。

「なんでもいーんだようー」ってね。

■

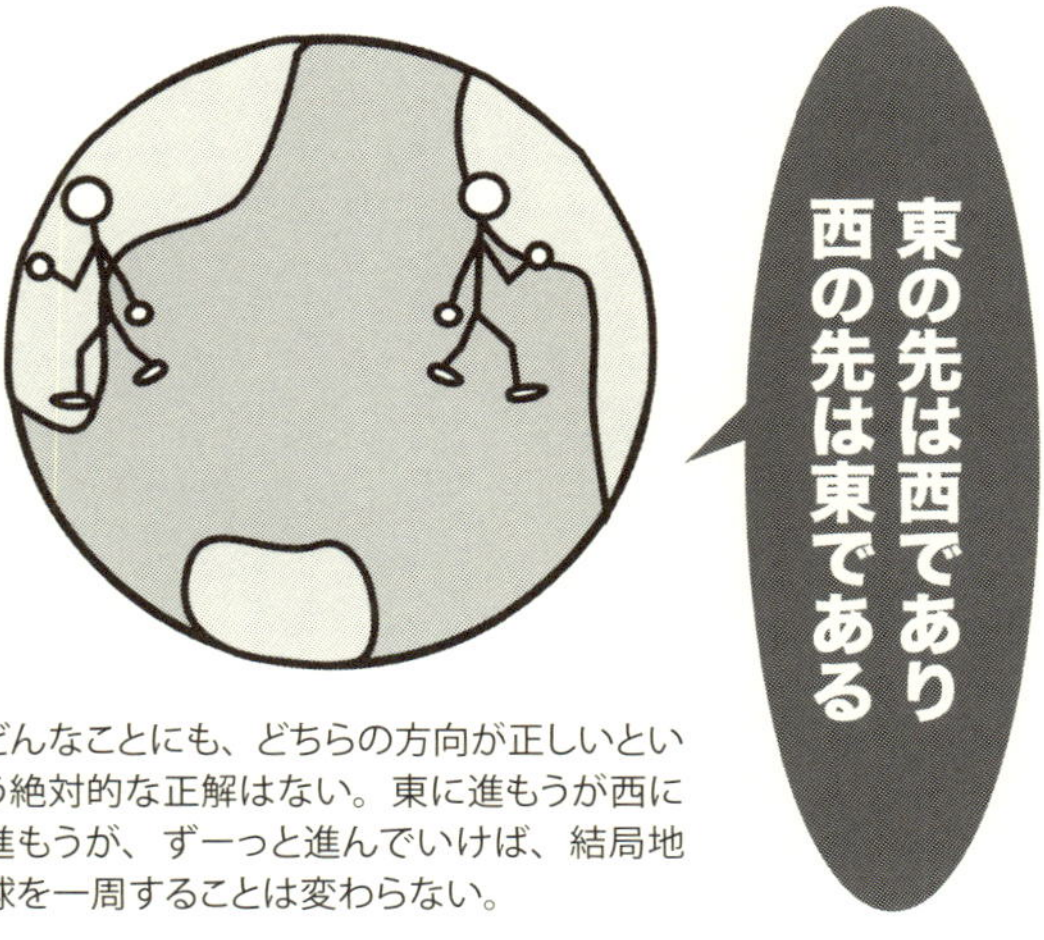

どんなことにも、どちらの方向が正しいという絶対的な正解はない。東に進もうが西に進もうが、ずーっと進んでいけば、結局地球を一周することは変わらない。

第4章

“目・首”
「目は口ほどにものを言う」
～目が居つかないように～

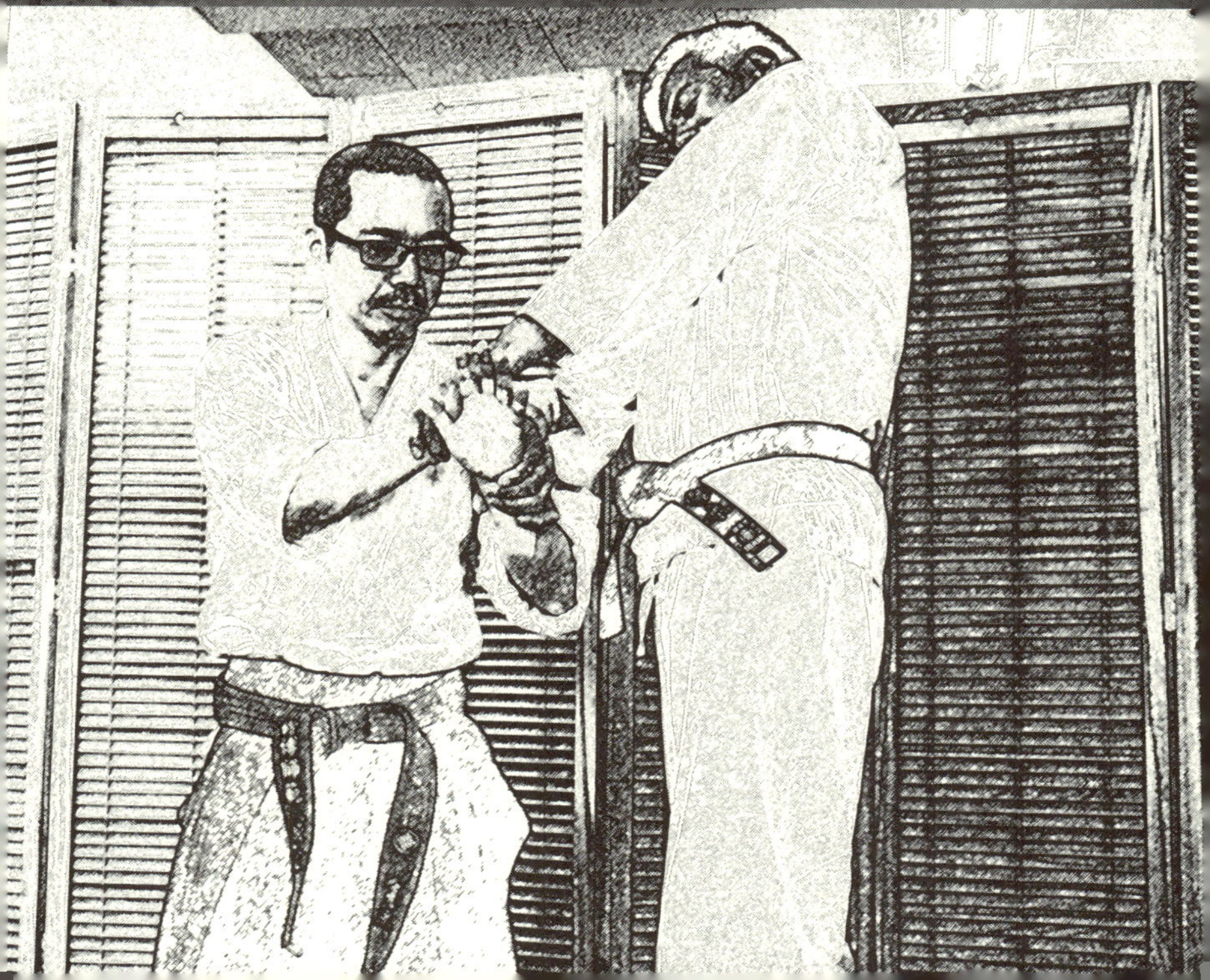

第4章のテーマは目と首です。目と首というのは頭の動きを考える上では非常に重要で、互いに影響しあっています。

現代人の多くが抱えている肩凝りも一般的には首の緊張をイメージしますが、目の疲労からくる肩凝りも非常に多いです。むしろスマホを一日中使っている現代では、首よりも目の慢性的な緊張の方が肩凝りの主原因となっていると言っても良いかもしれません。

人が何らかの動きをする時に目と首がスムーズに動かなければ、非常にぎくしゃくとした動きになります。寝違えなどで首が動かない経験をしたことがある人なら、その時の不自由さは実感できると思います。

鼻で首を動かす

人間の頭の重さは体重比で約10パーセント、大体5〜6キロほどで、大玉のスイカ一個分くらいあります。その頭の重さを支えているのが首です。その重さを支えようとして首は常に緊張状態になりがち。しかし頭を首の骨の上にバランスよく乗せておくことができれば、ほとんど首の筋力を使うことなく頭を支えることができます。

頭を動かす時は、当然ある程度筋肉を使わなければなりませんが、まずは頭を動かしていない時

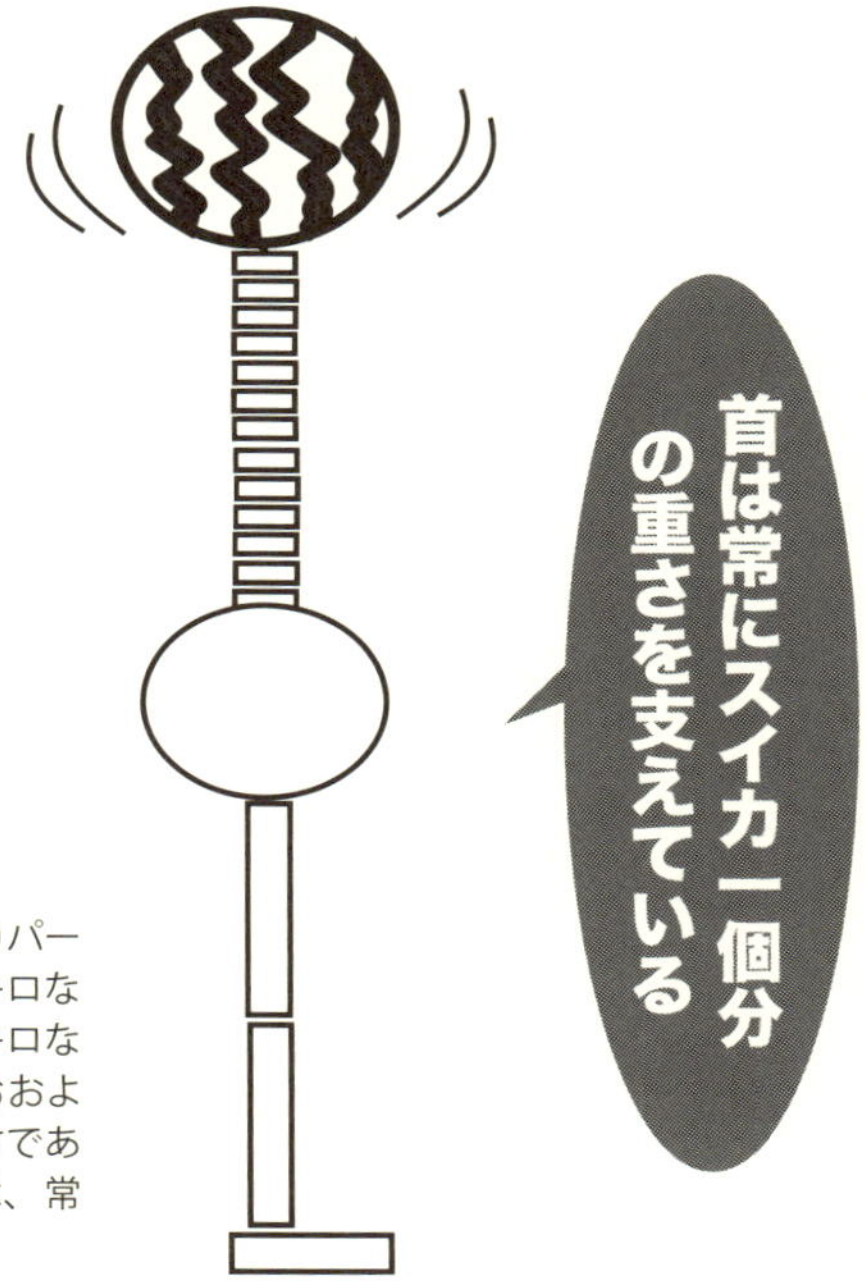

人間の頭の重さは体重比で10パーセントほどになる。体重50キロなら頭の重さは約5キロ、60キロなら約6キロである。これはおおよそ大玉のスイカ一個分の重さであるが、その重さを支える首は、常に緊張状態になりがちである。

になるべく首の力を抜いた状態で頭を支えられるような状態を保つことが大事です。

首は英語で言えば「ネック」。弱い部分のこともネックといいます。そのくらい首というのは弱く、また首根っこを押さえるという言葉もあるように、首を押さえられると身体は身動きが取れなくなります。

ネコのような小さな動物でも、力で押さえつけようとしても動きを止めるのは大変ですが、首根っこをつかまえれば動きを止めることができます。

首を左右に回して動かしてみて

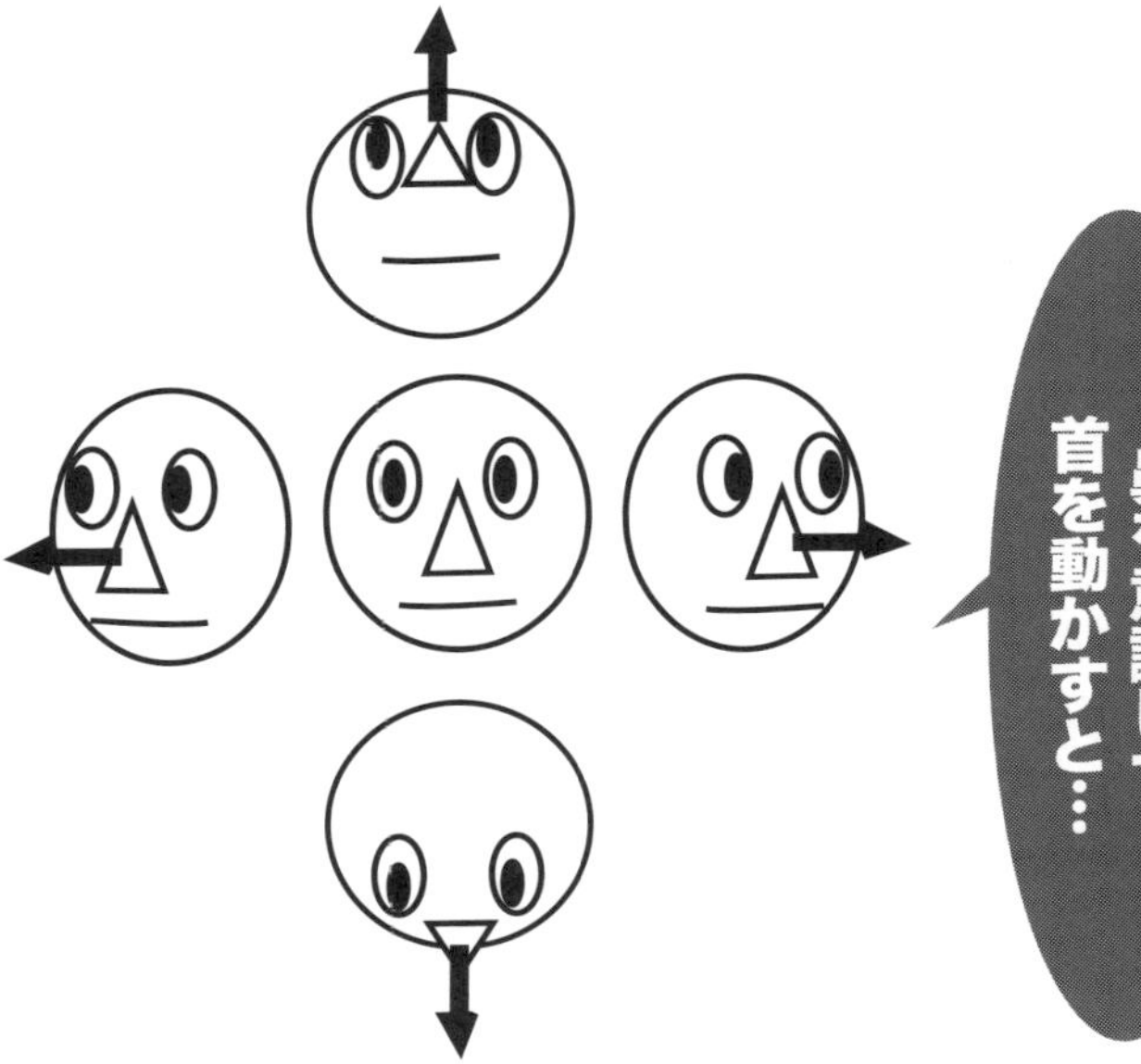

首を動かす時、首そのものを意識してしまうと、余分な緊張が生じてしまうが、鼻の先を動かしたい方向に向ける意識で頭を動かすと、首の動きがスムーズになる。

ください。やってみると首の筋肉が捻じられギュッと緊張するのがわかると思います。身体の動きというのは、その動きをするための筋肉の意識よりも、その動きを邪魔するブレーキのかかった筋肉をいかに休ませるかというのが重要です。

首を動かす時に、首そのものを意識してしまうとブレーキがかかる筋肉にまで意識が入ってしまい余分な緊張をとることが難しいです。ではどうすれば良いか。首を意識すると緊張するのだから、首から意識を離してしまえばいいのです。

では今度は自分の鼻を意識して、その鼻の向きを左右に向けるように頭を動かしてみましょう。すると先ほどとはうってかわって首の動きがスムーズになったと思います。意識を鼻に向けることで首の動きを邪魔する筋肉のブレーキが外れたのです。

これは身体のどこを動かす時にも使えます。例えば「肩を回してください」と言うと、どうしても肩に力を入れて動かしてしまいます。しかしこの時に肩ではなく「肘を回してください」と言うと、肩はとてもスムーズに動かすことができます。

このように動かす場所とは違う場所を意識して動かすことで、実際に動かす部位の無駄な緊張を取り除くことができるのです。

寝る感覚で立つ

今度は首を緩めて可動域を広げてみましょう。可動域を広げるというとストレッチをイメージする人が多いと思いますが、筋肉を引っ張っても身体は緩みません。もちろん全く効果がないというわけではありませんが、柔軟性を高めるのに必要なのは先ほども言ったように筋肉にテンションをかけることではなく、その動きを邪魔しているブレーキの筋肉の動きを抑制することが一番重要です。

まずは左右にゆっくりと頭を動かして、動く範囲の限界を確かめます。視界に入るものを目印にすると、首がどこまで動かせるか確認がしやすいです。首の限界まで動かすと筋肉がギュッとなりブレーキがかかりやすくなるので、その手前までの範囲で左右に頭を動かしていきます。この時も首を意識するよりは鼻を意識して動かしたほうが、よりリラックスしやすいです。首が全然緊張しない範囲で動かし続けると、少しずつ動ける範囲が広がっていきます。

同じことを今度は仰向けに寝た状態で行い、首を緩めてみましょう。先ほどと同じように頭を動かしますが、今度は鼻ではなく床に触れる後頭部をゆっくりと左右に転がすようにして動かしてみます。床の上で頭をコロコロと転がすようなイメージ。立って行った時よりも首はリラックスしやすいと思いますが、首の緊張が強い人は頭の下にタオルや本などを敷いて頭を少し高くするとリラックスしやすいです。これも動きを続けていくと楽に動ける範囲が徐々に広がっていくのがわかります。

では、最後にもう一度立ち上がり頭の動きをチェックしましょう。この時に立った状態で仰向けに寝ているという感覚になってください。

意識というのは不思議なもので「立つ」という感覚だと力が入りやすいが、「寝ている」という感覚だと力が抜けやすくなります。ですので仰向けに床に寝ている感覚で立てるようになると、首はもちろん身体全体がリラックスしやすくなります。この状態でもう一度頭を動かしてみましょう。

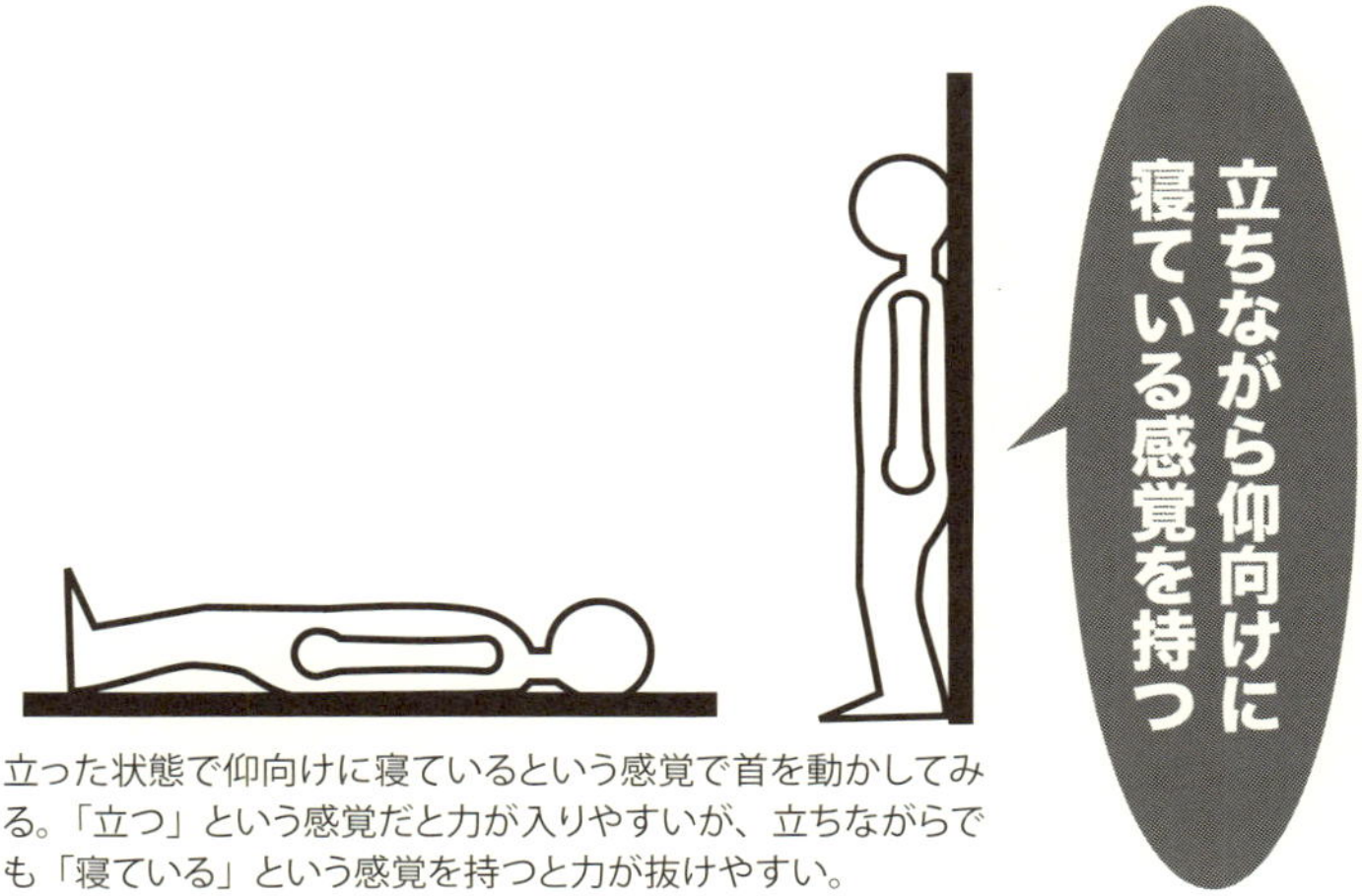

立った状態で仰向けに寝ているという感覚で首を動かしてみる。「立つ」という感覚だと力が入りやすいが、立ちながらでも「寝ている」という感覚を持つと力が抜けやすい。

この時も首の力で動かすというよりも、後頭部が床に着いたまま転がしているような感覚で頭を左右に動かしてみます。すると最初よりも動かす感覚が軽くなっていると思います。

目だけを動かす

次は「目」についてです。人間が外部から得る情報の８割は視覚からと言われています。そういう意味では、柔術における相手とのやりとりの中でも視覚の影響は非常に大きいです。

その目が現代人はインターネットやスマホの影響で非常に酷使されています。そしてその目を動かしているのは筋肉です。しかし目の筋肉の疲労というものは自覚しづらい。「肩が凝ったなー」という表現はよく聞くけど、「目が凝ったなー」

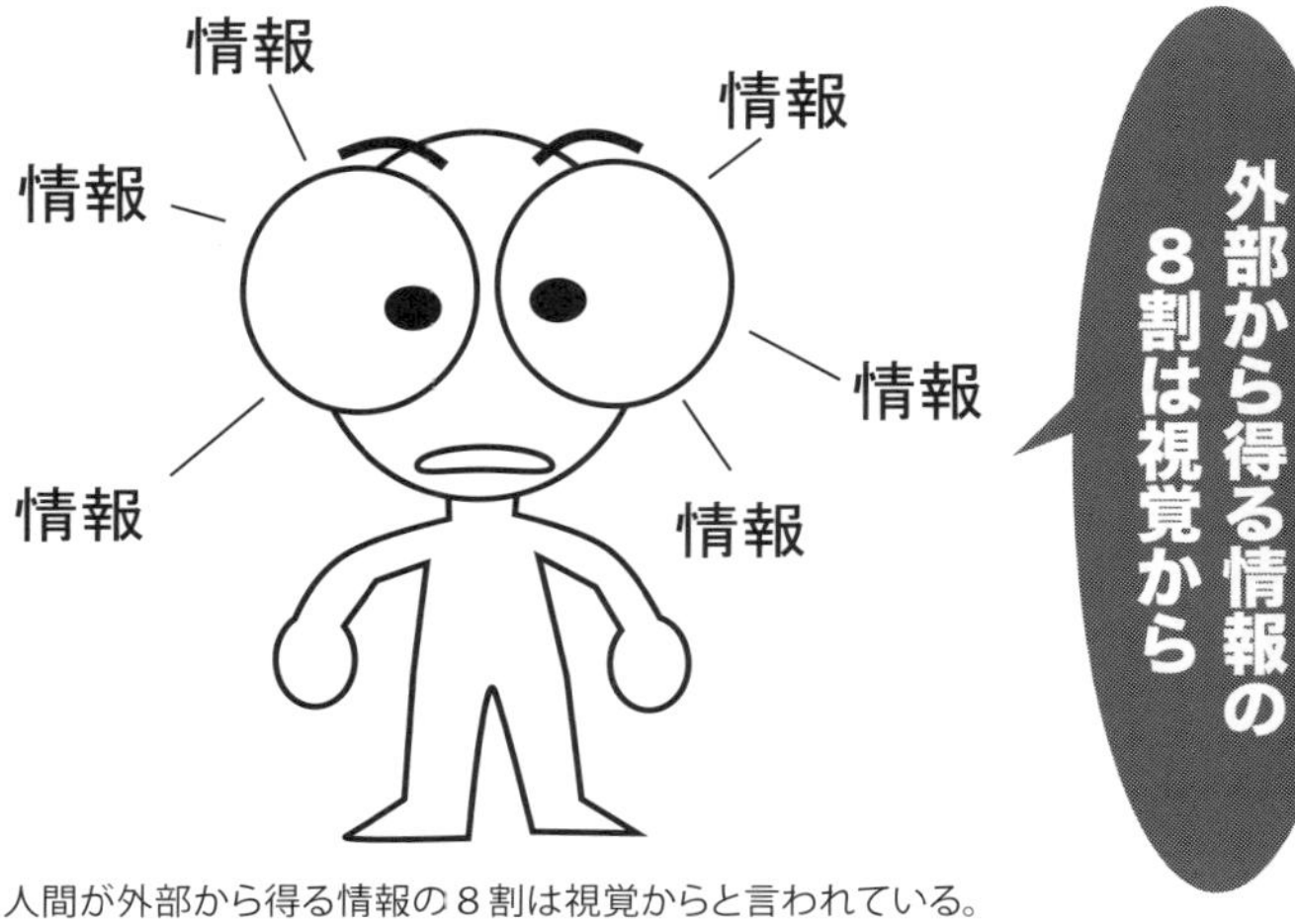

人間が外部から得る情報の８割は視覚からと言われている。現代人の多くは、インターネットやスマホの影響で目を酷使しているが、「目の緊張」はなかなか意識にのぼりにくい。

という表現はあまり聞きません。パソコンが普及してから肩凝り、腰痛を訴える人は増えましたが、スマホの普及により目の疲労からくる身体の諸症状はさらに増加していると思います。

脱力というものの難しさは、意識にのぼる緊張と意識にのぼらない緊張があるという点です。意識にのぼる緊張であれば、緊張が自覚できるのですからその部分を緩めていくのはさほど難しくありません。難しいのは意識にのぼらない緊張です。緊張が自覚できないのですからそもそも力が入っているとも思ってないし、誰かに「力が入っているよ」と言われても感覚がないので「え？」という感じです。

目の緊張をとるには、まずは目の動きそ

のものを意識にのぼらせるところから始める必要があります。目を意識的に「動かす」ことができれば、目の緊張や力の抜け具合が段々わかるようになってきます。

まずは頭を固定して目を左右上下にどのくらい動かせるか試してみましょう。ついつい頭も動いてしまう人も多いと思いますが、目だけで視線を動かして周りの見える景色を確認してみましょう。左右や上下、向ける方向によって動かしやすい方向、そうじゃない方向など差があると思います。

先ほどは鼻で頭を動かしましたが、今度は目の動きで頭を動かします。目を右、または左に動かしていき、これ以上目を動かせないところまできたら目の動きに引っ張られるように頭を横に向けます。慣れてきたら、目の動きで左右上下、色々な方向に頭を誘導して動かしてみましょう。油断するとつい目と頭を同時に動かしたくなってしまいますが、あくまでも目の動きが頭を引っ張って動かしていくという感覚を大事にしてください。

目で身体を動かす

正面から両肩をつかんでもらいます。まず最初は上半身を捻るように振り向こうとしても相手に押さえられて動くことはできません（次ページ写真）。

今度は先ほどやったように目を動かすことで頭を動かし、頭の動きが身体を動かします。くれぐ

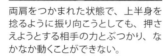

上半身を捻るようにした場合

両肩をつかまれた状態で、上半身を捻るように振り向こうとしても、押さえようとする相手の力とぶつかり、なかなか動くことができない。

れも身体には力を入れずに目の動きで頭や身体を順々に連れていくように動かしていきます。そうすると身体の動きに合わせて相手は簡単に動きます（左ページ写真①〜⑥）。イメージとしては背後から誰かに呼ばれて、「なーに？」という感じで目から振り向くような感じです。

うまくできたら今度は首や身体は意識的に動かす必要はなく、目がこれ以上動かせなくてもさらに後ろを見るように目に力を入れ、動かし続けます。この時に目以外の身体全体はなるべくリラックスした状態を保っておくこと。そうやって目を動かし続けていると、自分自身の身体はほとんど動いていないのに、肩をつかんでいる相手はゆっくりと動きはじめます。これは目の筋

目を動かすことで身体の動きにつなげる ❶

①両肩を押さえられた状態で、②目（視線）だけを右側に動かす。③その目の動きに導かれるような意識で頭を動かし、④〜⑤さらに、その頭の動きに導かれるように身体を動かす。この時の注意点としては、できるだけ身体には力を入れないこと。⑥すると、相手は大きく崩される。より高度なやり方としては、目がこれ以上動かせない状態から、さらに後ろを見る意識で目に力を入れ動かし続けると、ほとんど身体を動かしている意識がなくても、目の筋肉による動きが非常に小さい連動となり頭や身体をわずかに動かし、肩を押さえている相手はゆっくりと動かされる。

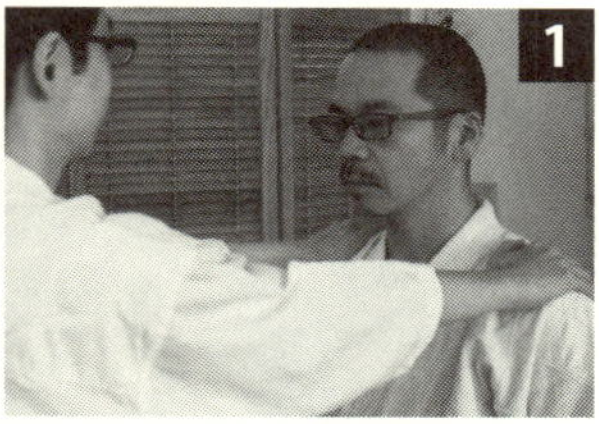

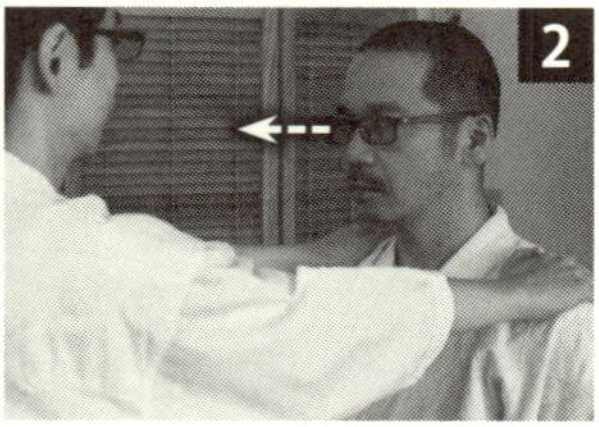

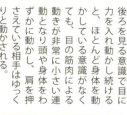

目を動かすことで身体の動きにつなげる ❷

①肩や腕を押さえられていると、押さえられている部分から動かそうとしてしまいがちだが、そうすると相手の力とぶつかってしまう。押さえられている部分以外のところから動かすことで、相手の力とぶつからずに動くことができる。②そういう意味で、目というのは非常に楽に動かすことができるので、目線を動かし、③〜⑤それから首、身体と順々に動かしていくことで、結果的に腕や身体が自然とついてくる動きになる。

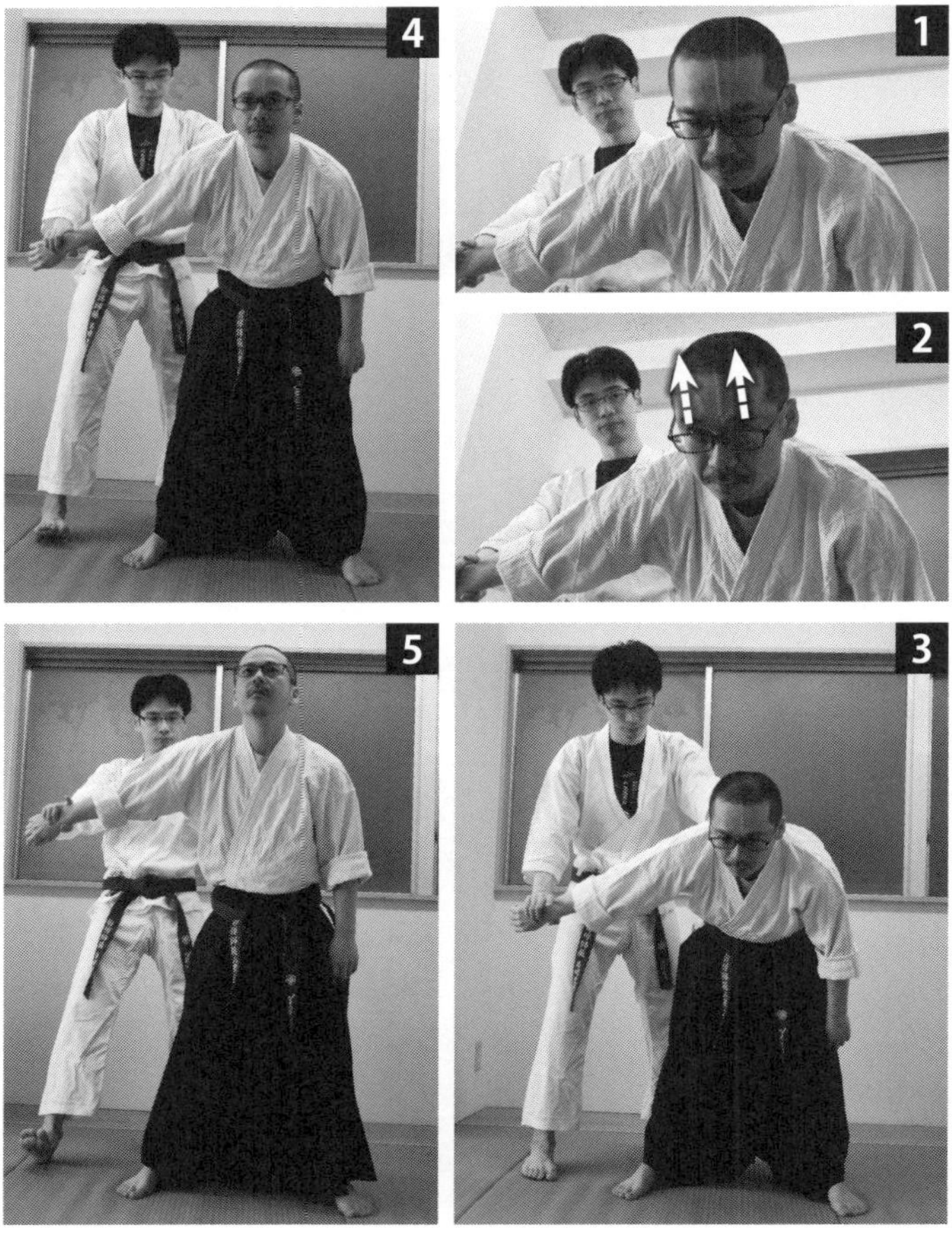

肉による動きが非常に小さい連動となって頭や身体をわずかに動かしたのです。

人間の身体の面白いのが、このくらいの小さな動きでも相手に影響を及ぼすし、むしろ小さな動きと力だからこそ相手は簡単に動いてしまうのです。

人間というのは5の力で押せば5の力で押し返し、10の力で押せば10の力で押し返します。ということは力を相手に加えれば加えるほど相手からの抵抗は強まるということであり、逆にこちらが力を加えなければ加えないほど相手は抵抗する力が弱まるわけです。この原理で考えれば、相手を動かしたり崩す時はなるべく弱い力を使ったほうが相手は崩しやすくなるということになります。

もうひとつ、今度はお辞儀した状態から相手に腕を押さえつけてもらいます。この時も押さえつけられている腕を抵抗しても動かすことはできませんが、目から天井に向けて動かすようにして、今までと同じように顔や上半身が目に連れていかれるように起きてくると、どんなに腕をしっかり押さえこまれても簡単に起き上がることができます（右ページ写真①～⑤）。

居つかない目

身体というのはつかまれれば動けなくなるし、ましてや多人数で身体をつかまれれば動かせる場所はどんどんなくなってしまいます。しかしどんなに身体をつかまれて押さえつけられても絶対に動ける部分が「目」です。ですからどんな状態になっても、目さえ動けば身体を動かして相手を崩すことは可能です。

逆に言えば、相手の動きを封じるには目の動きを封じるというのも一つの方法です。柔術の固め技では相手をうつぶせにするものが多いのですが、これは身体の拘束という意味以外に実は目の動きを拘束しているのです。

相手の動きを封じる効果的な方法というのは、先ほども書いたように、首根っこを押さえるという点とさらに視線も地面に固定してしまえば、相手はほぼ身動きがとれなくなります。目が釘付けになるというのはまさに目が居ついて動けない状態のことなのです。身体を自由に動かすためには目が居つかないようにすることはとても大事です。

自分の身体でも普段あまり意識していない部分って結構あると思いますが、目と首が身体の動きに非常に大きな影響があるというのはご理解いただけたでしょうか。本章はこの辺で終わりますが、読者の皆様には温かい目で見守っていただきつつ読み進めていただけると幸いです。

■

第5章

“腕”
「腕を上げる」
～肩肘は下ろす～

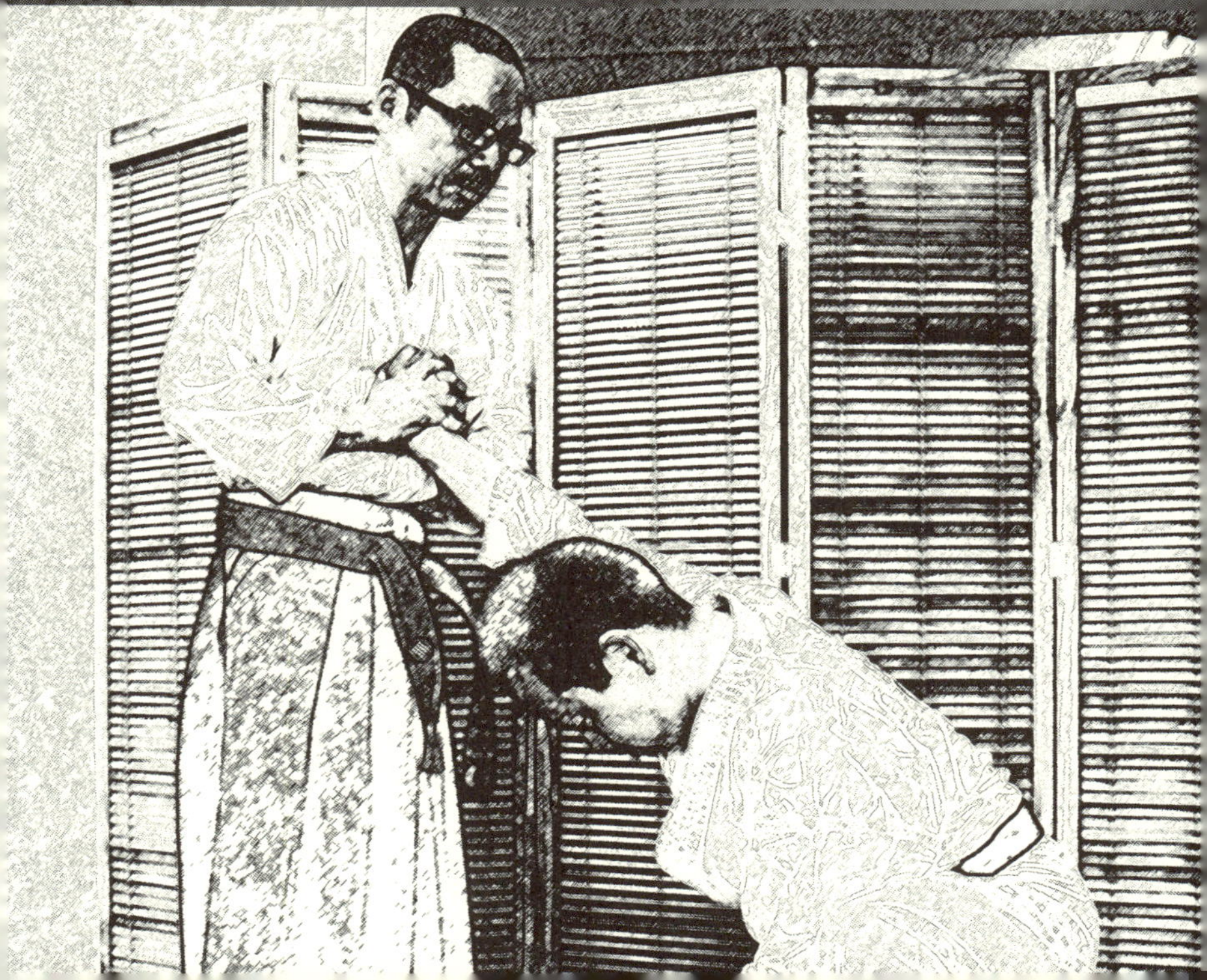

柔術においては相手との接触のほとんどが腕に集中しています。この接触部分から相手の力の加減や方向、重心などのあらゆる情報をキャッチし、技につなげます。

しかしこの接触部位は相手にとっても情報をキャッチする部分になります。だからこそ腕というのはうまく使えれば相手をコントロールすることが可能ですが、一歩間違えれば自分の情報が全て相手につつぬけになってしまうという諸刃の剣のような存在です。

腕を上手に使えるかどうかはまさにあなたの腕次第。というわけで本章のテーマは「腕」です。

肩を落とす

腕と一言で言っても、肩から指先まであるので、いくつかに分けて考えてみましょう。

まずは肩について。武道に限らずスポーツにおいても「肩を落とせ」とか、「肩の力を抜いて」というのはよく言われます。しかし「肩を落とせ」と言われて実際に肩を落とそうとしている人のほとんどが、肩の力を抜いているというよりは肩を下げようとして押し込んでいます。これでは脱力ではなく緊張です。

ではどうやって肩の力を抜いて落とすことができるか。そこで陰陽論で考えてみます。

腕を陰陽で見てみると、手の甲側は陽、手の掌側は陰で、力の方向は陰は指先に向かい、陽は肩

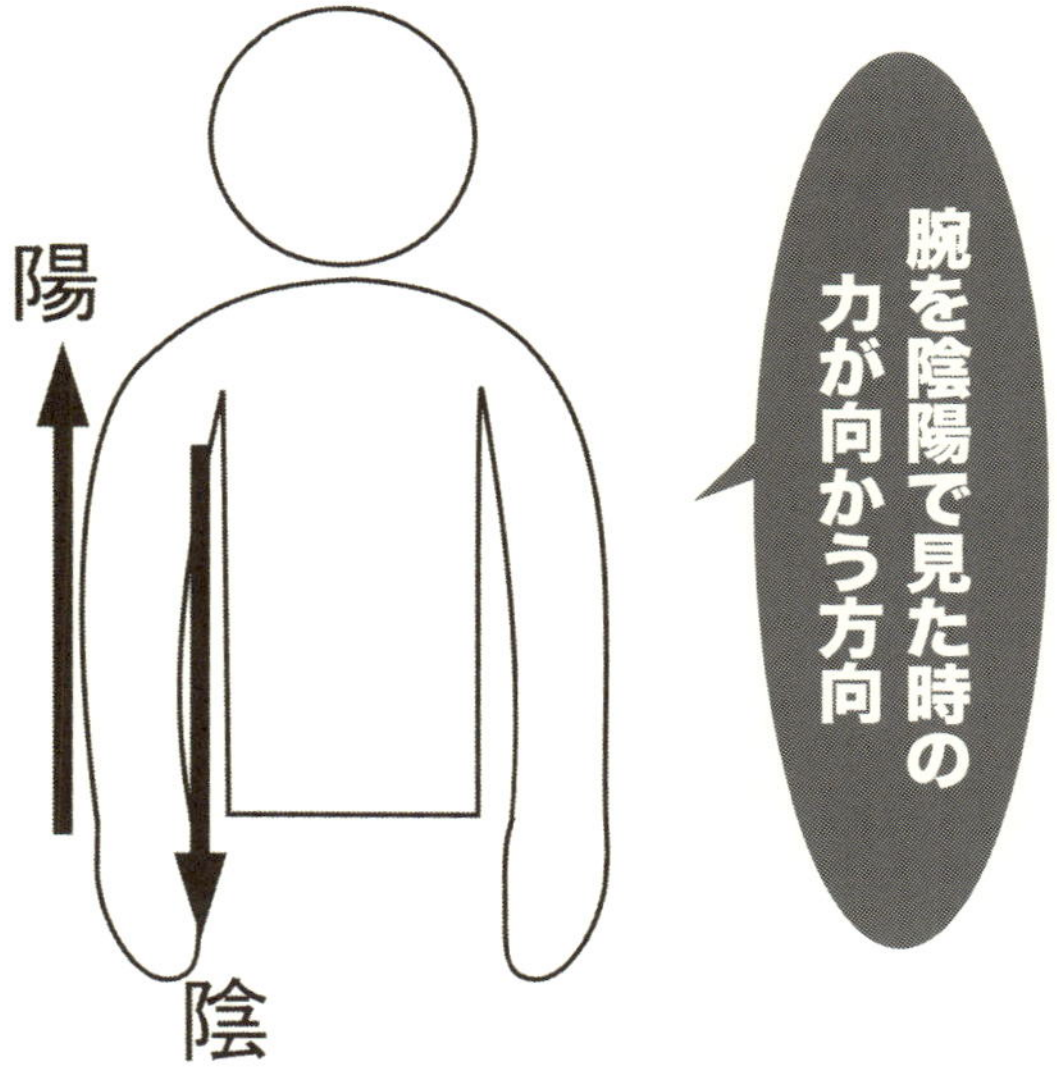

腕を陰陽で見た時、手の甲側は陽で、力は指先の方から肩の方向に流れる。逆に掌側は陰で、力は肩の方から指先の方向に流れる。

に向かっています。腕をおろした状態で腕が下に向かう方向は陰であり、肩の部分は上向きの陽になります。

ということは肩を下に向かって下げようとすればするほど、陰陽の考え方でいえば、力の流れの方向がぶつかってしまいます。肩を下方向に落とすには、下に向かう力の流れである陰の側を落としていけば良いのです。イメージとしては肩を落とすという感覚ではなく脇を落とす（緩む）という感覚にすると、結果的に肩が落ちて力が抜けた状態になります。

例えば相手に手首をつかまれた

状態で肩を落とそうとしても、なかなか肩は緩んで落ちてきませんが、脇のあたりをモゾモゾと動かしながら緩ませていくと自然に肩が落ちてきて相手は崩れやすくなります。

肘の居つき

次は肘に注目してみます。肩同様、肘も力が入っていると脇が空いて言葉通り肩肘張った状態になってしまいます。そうならないためにも、肘もしっかり力を抜いておく必要があります。

基本的なポジションとしては、肘は脇についている状態が望ましいですが、力を入れて肘を脇につけようとすれば肩が緊張してしまいます。昔からよく言われる「脇をしめろ」という表現を、脇にグッと力を入れると勘違いしている人もいますが、力を抜けば肘は自然にぶら下がって脇が「しまる」んです。そういう意味では脇は「締まる」でなく「閉まる」ですし、肘が落ちれば脇は自然に「閉じる」という感覚です。

柔術において肘の感覚というのは非常に重要な部位ですが、使い方が難しい部分でもあります。なぜかというと、肘というのは緊張や脱力などの感覚がわかりづらいからです。

例えば肩であれば緊張も自覚できるし、力を抜くという感覚も分かりやすいですが、肘が緊張している、もしくは脱力しているというのはなかなか自覚しづらいのです。

柔術においては緊張している状態を「居つく」と表現しますが、これは別の言い方をすれば「動けない状態」のことです。肘の場合は緊張の感覚がつかみづらいので、肘の居つき＝緊張と考えるよりは、居つき＝動けない状態、と考えた方がわかりやすいです。つまり肘がいつでも楽に動かせる状態を保てていれば、肘は居ついていない＝緊張していないということになります。

「脇をしめる」と反対の意味で「脇が甘い」という言葉がありますが、脱力を考えるのなら、脇はむしろ甘い方が良いくらいです。

腕の落下

腕の落下という動きを考えてみましょう。単純に腕を二本の棒だと考えると、腕の落下というのは二本の棒が順番に振り子のように落ちてくることです。

さてそこで重要なポイントとなるのが肘の意識です。みなさんは「肘を触ってください」と言ったら、どの部分を触りますか？　ほとんどの人が同じ部分を触ると思いますが、この部分の骨は前腕の尺骨です。つまり肘というのは前腕に属するのです。これは非常に大事なポイントです。腕の落下というのは、まず肩関節が緩んで上腕が落ちてきて、次に肘関節を緩めて前腕が落ちるという順番です。多くの人はこの順番を間違えて、いきなり肘を落下させようとしてしまいます。

腕の落下は上腕→前腕の順

腕をおろす動作は、まず肩関節を緩めることで上腕が落ち、次に肘関節を緩めることで前腕が落ちる順番で行われる。

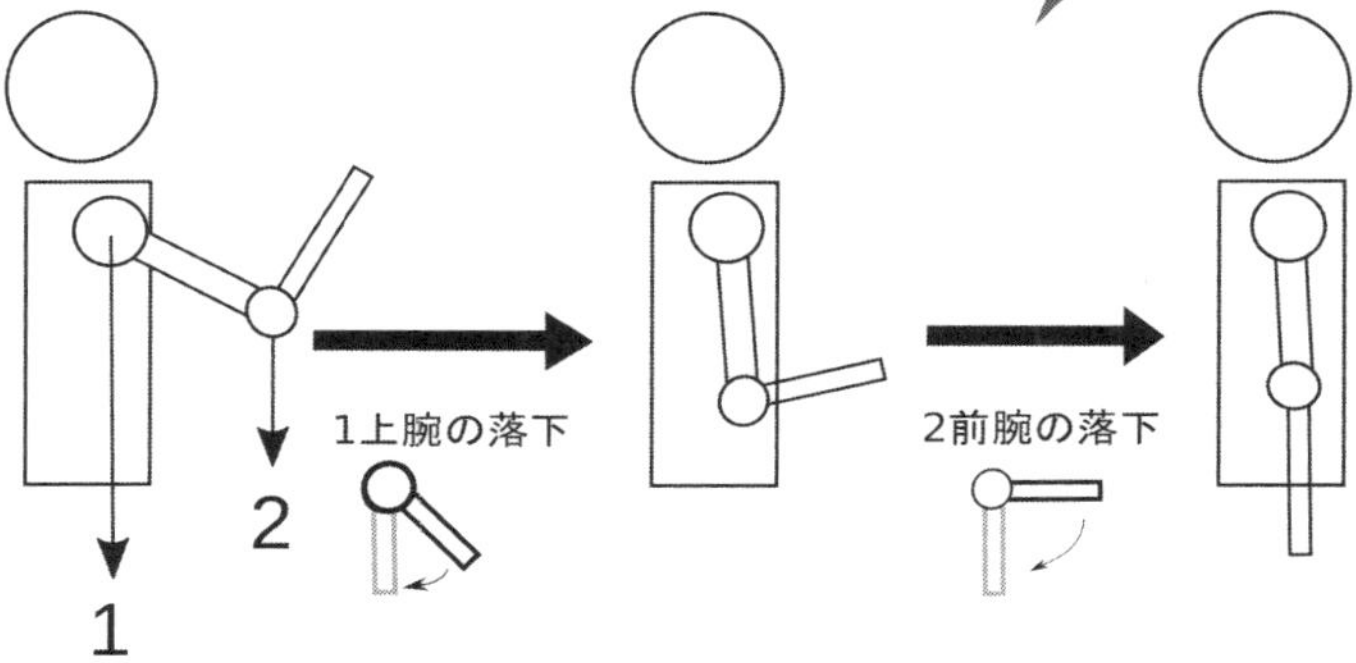

「肘はどこ？」肘の意識

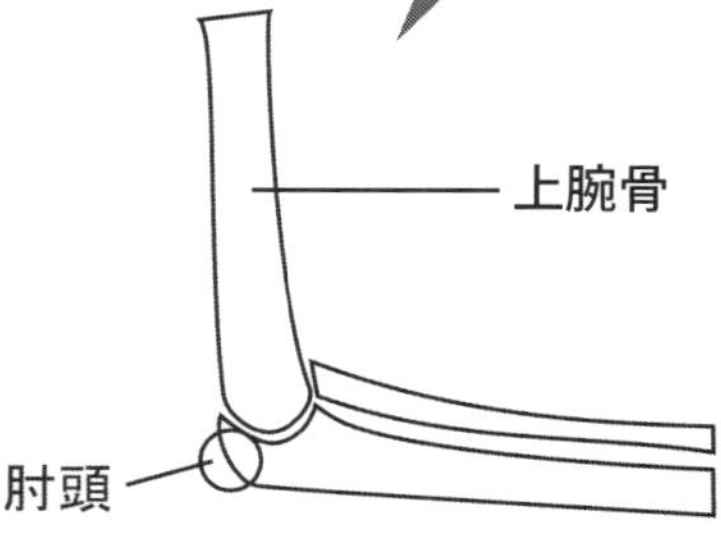

「肘を触って」と言われた場合、多くの人は、この部分を触る。この部分の骨は、前腕の尺骨である。つまり、肘は前腕に属するということである。

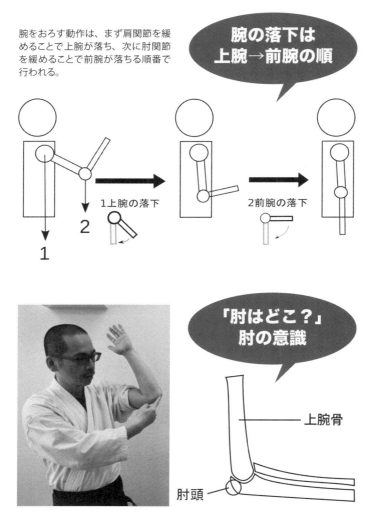

肘から落とそうとすると……

手首のあたりをつかまれると、つい肘を落として振りほどこうとしてしまいがちだが、その状態では肩の力が抜けておらず、前腕を引っ張る力になってしまい、相手の力とぶつかってしまう。

肘を90度くらい曲げた状態で手首をつかんでもらいます。その状態でいきなり肘を脇に落とそうとすると、肩の力が抜けていないので前腕を引っ張る力になってしまいます（上掲写真「肘から落とそうとすると……」）。

そこで、まず肩の力を抜けば上腕が落ちてきますので、肘や前腕はそれについてくるように自然に落ちてきて相手は楽に崩れます（次ページ写真「肩から落とし次に肘を落とす」①〜④）。腕を肩から落としても、肘から落としても、見た目の動きはあまり変わらなさそうですが、手をつかんでいる相手が受ける感覚としてはかなり違いがあります。

バンザイした腕を落下させようとしたら、必ず肩の力を抜いて落とすと思いますし、逆に肩に力を入れたまま肘だけを落とすなんてことは無理で

肩から落とし次に肘を落とす

①肘を 90 度くらいに曲げた状態で手首をつかまれた体勢から、②まず肩の力を抜くと、上腕が落ちる。③〜④すると、肘や前腕はその動きについてくるように自然と落ちてきて、相手は楽に崩される。

す。ですから腕を落下させる時には必ず肘の前に肩の脱力を意識する必要があるし、肩が落ちてくれば肘は意識しなくても自然に落ちてくるのです。

中国武術に「沈肩墜肘」という言葉があります。中国武術は門外漢ですのであくまでも勝手な解釈ではありますが、これは言葉通り読めば「肩が沈むと肘が墜ちる」ということですし、「肩が沈まなければ肘は墜ちてこない」という解釈もできるんじゃないかと思います。肩が沈むと自然に墜ちるのが肘なのですから、肘をうまく使いこなすには肩肘をセットで考えるという感覚も大事だと思います。

腕を陰陽で動かす

正面から掌を下にして手を出して諸手で握ってもらい、手をゆっくりと地面に向かって伸ばして相手を崩していきます。この時にも陰陽の意識を入れてみましょう。

まず最初は陽の側を意識しながら腕をゆっくりと伸ばしてみます（次ページ写真「陰陽を意識して手を伸ばす」①〜②）。次に陰の側を意識しながら同じように腕を伸ばしてみます（同③〜④）。ちゃんと意識を切り替えることができたならば、陰の側を伸ばした時の方がスムーズに相手を崩すことができたと思います。

陰陽を意識して手を伸ばす

腕をつかまれた状態で、①〜②腕の陽側を意識して伸ばそうとすると、肩からつっこむような動きになりやすく、相手は崩されにくい。③〜④逆に腕の陰側を意識して伸ばしていくと、自然に腕が伸び、相手を楽に崩すことができる。

腕がホースになった イメージで動かす

腕を動かす際の意識の仕方として、腕の陰陽を区別して動かす方法のほかに、地面に落ちているモノを拾いにいくイメージを持つ方法もある。また、腕がホースのようになっていて、脇から指先に向かって水が流れ出ているイメージで腕を動かす方法もある。

しかし左右それぞれの腕はそもそもひとつなのですから、陰陽を区別して動かすというのはわかりづらい感覚だと思います。そこで腕の陰の意識を強くするために、地面に落ちているモノを拾いにいくというイメージで動いてみます。モノを拾いにいく時の手は、掌や指を「伸ばして」取りにいくという感覚だと思います。

逆に肩や手の甲などの陽側に力が入った動きは、腕を伸ばすというよりは腕で「押す」という感覚に近いと思います。このように手を伸ばして拾いにいくというイメージで動作をすれば結果として陰の流れを使うことになります。

また別のイメージの方法としては、腕がホースのようになっていて脇から水が流れて指先から出てくるというイメージで腕を動かしてもうまくいくと思います。この時も水が流れるのはあくまでも陰側であり、指も爪側ではなく指の腹（指紋側）から水が出てくるとイメージすると効果的です。

八光流にはもともとこういったイメージを使った心的作用による身体の使い方の説明というものがいくつもあるのですが、そういった動きに陰陽の考え方を結びつけると、さらに理解しやすくなります。

手の内と手の外

柔術においては手の意識というものが非常に重要です。手の中でも特に指先に意識を向ける方法

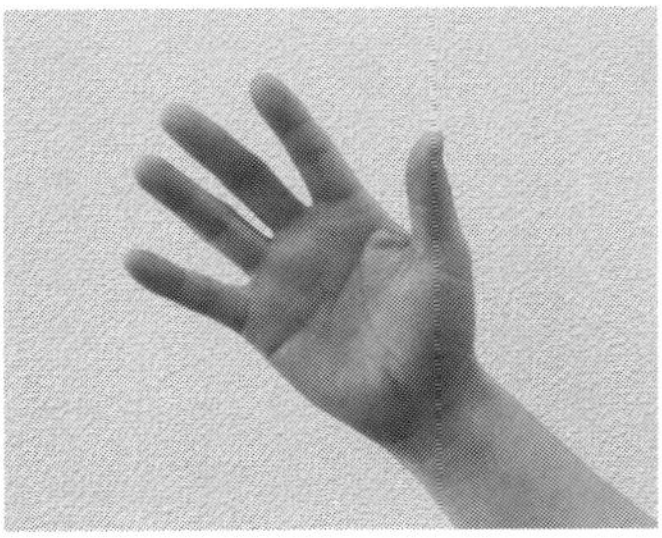

八光の手

八光流では、柔らかく手の指を開いた形のことを「八光の手」と言っている。この時、手の裏表両面を張るように指を伸ばすのではなく、手の内側（陰）だけに意識を通すようにする。そうすると、自然と柔らかく手が開いた状態になる。

八光捕（はっこうどり）

「八光の手」を用いて、つかまれた腕を外していく技が「八光捕」である。①相手に手首をつかまれたところから、②手の内側の方だけに意識を通して腕を上げていくと、③柔らかく腕を動かすことができ、相手の腕を外すことができる。

としては、先ほどの水を流すイメージに近いかもしれませんが、手の指を開くという方法があります。このように手を開く形を八光流では「八光の手」といいます。手を開くという動作は柔術諸流派でもよく見られる形ですが、その使い方は様々。陰陽で手を開く時のポイントは、いかに陰陽を意識的に区別して動かせるかという点です。

柔術で手の使い方を「手の内」と表現することがありますが、そもそも「手の内」という言葉がある以上「手の外」も存在していていいはずです。つまり手の内を使いこなすためには手の内(陰)と手の外(陽)を使い分ける感覚が必要なんです。それができれば単純に手でつかむ、押す、引っ張るといった動作の感覚も大きく変わってきます。

手の内外(陰陽)を使い分けるためには、なるべく弱い力で柔らかく繊細に手を使わなければわかりません。大東流では「朝顔の手」という口伝があり、様々な説明や解釈がありますが、私自身はこの口伝のポイントは「形」ではないと思っています。重要なのは柔らかく掌や指先にまで意識を通していく感覚の使い方かと。少なくとも花びらである以上、力を入れて指を張るような使い方ではないと思います。

腕を動かす時に、ただ押すか引くかだけでなく、腕の陰陽を意識し、力を出す方向の使い分けができるようになることで、柔術においても、より効果的な技をかけることにつながる。

一車線から二車線へ

本章では腕の使い方を説明しました。身体の使い方というのは具体的な説明から抽象的な説明まで幅広くありますが、何にせよ伝える時にはわかりやすくイメージしやすい説明を心がけるようにはしています。そういう意味では陰陽というのもかなり抽象的な表現でわかりづらい印象があると思いますが、いったん理解できれば身体の動きとしてはシンプルなので逆にわかりやすくなります。

腕を動かす時も単純に押すか引くかということだけでなく、同じ方向の力でも陰で押す、陽で押すというように腕の中で力を出す方向の使い分けができるようになります。「押しても駄目なら引いてみな」というのは正論ですが、陰陽なら「陽で押して駄目なら陰で押してみな」という考え方も生まれるのです。さらに陰陽をはっきりと動かす感覚が出てくれば一つの動きの中に陰で押しながら陽で引く、といった一見矛盾しそうな動きも可能になります。

脱力というのは無駄な力を抜き、必要な力を入れるということのバランスであるという話は以前に書きました。陰陽がわかれば、力を入れるか抜くかではなく、必要な力を入れながら無駄な力を抜くといったことも感覚的にわかるようになります。腕を動かす時に力の方向を一車線ではなく、陰陽の二車線で使い分けられると、柔術の脱力の感覚がより深まってきます。

腕（ワン）なのにツーとはこれいかに。今回もお後がよろしいようデ。

■

第6章

“足”
「地に足をつける」
～蹴らずに大地を踏みしめろ～

人間と動物の大きな違いは何かと言えば、直立歩行です。直立歩行のおかげで手を自由に使えるようになり、それが人間としての進化につながったというのは周知の事実です。

しかし人間は手を使うことの代償として立つことや歩くことといった足を使った動きに関しては、動物に比べて圧倒的に不安定になりました。

人間は生まれてから誰に習うでもなく、立つことも歩くことも走ることもできますが、「できる」ことと それが「うまい」ことは別です。身近にいる犬や猫と比べても、人間は彼らほど上手にバランスを保つことも速く移動することもできません。あらゆる動物の中で人間は立つことも歩くことも「下手」なんです。

しかし、だからこそ武道においては「立つ」「歩く」ことはとても重要であり、その技術を追求することで相手を投げたり崩したりする技術が磨かれてきたのです。

というわけで本章のテーマは「足」です。

立つということ

まずは一番基本となる「立つ」ことから考えていきましょう。

動物の四本足と違って、二本の足で立つというのは非常に不安定で、例えば二本足の人形を立た

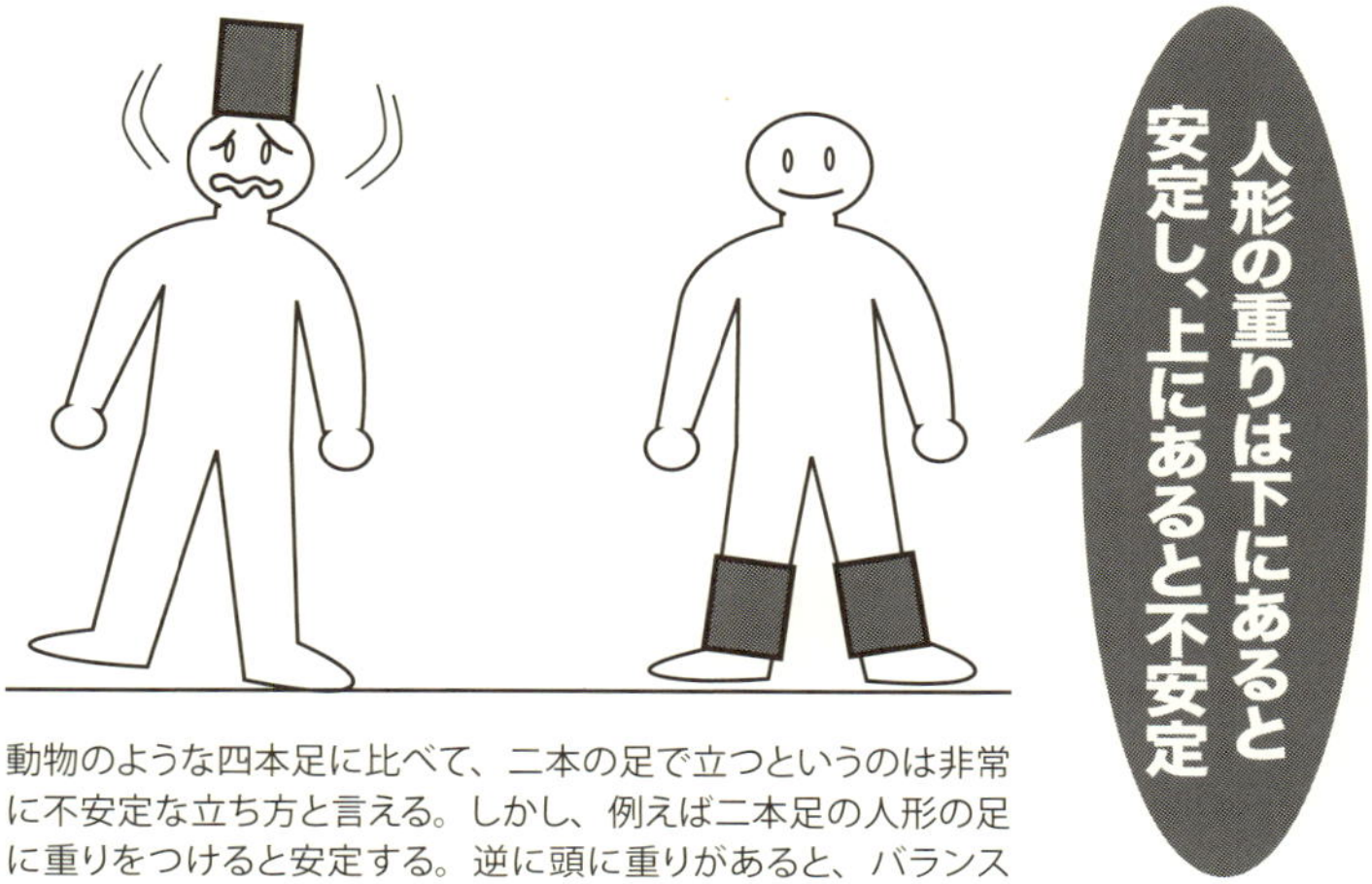
人形の重りは下にあると
安定し、上にあると不安定

動物のような四本足に比べて、二本の足で立つというのは非常に不安定な立ち方と言える。しかし、例えば二本足の人形の足に重りをつけると安定する。逆に頭に重りがあると、バランスは余計に不安定になる。

せようとするとなかなかバランスがとれません。しかしこの人形の足に重りをつけたならば安定して立たせることができます。

逆にこの重りがもし頭の方にあったらバランスは余計に不安定になります。ということは、安定して立つためには「重さ」はなるべく下の方にある方が良いということになります。

ではこの重さというのは何かと言えば、重力（下に引っ張る力）なんです。もし無重力空間だとしたら重りを足につけようが頭につけようが変わりません。重力のある地球だからこそ重りが下にあることで安定するのです。まずは、安定して「立つ」ためにはなるべく重さが身体の下の方にある方が良いというわけです。

重力はともだち

以前に重力を敵にするのも味方にするのもあなた次第です、ということを書きました。

「地球には重力があるから自由に動けない」

「重力に逆らうことで立つことができる」

「重力に負けない身体づくりが大事」

そんな風に考える人は多いです。確かに重力があるから人間は高く跳ぶこともできないし、逆に高いところから飛び降りれば大けがをしてしまいます。

じゃあ重力はない方がよいのか。もし地球が宇宙空間のように無重力になったら身体は軽くなるかもしれないが、自由にコントロールすることは難しくなります。先ほどの重りの例のように無重力では安定して立つことすらままならなくなってしまうのです。

例えば、魚はなぜあんなに速いスピードで水の中を泳げるのでしょうか。水に逆らっているから？水の抵抗に負けないくらいパワーがあるから？　そうではなくて水そのものをうまく味方にしているからあれだけのスピードで泳げるのです。

人間だって泳ぎがうまい人というのは、水に抵抗するのではなく水に逆らわないように身体を使うから速く泳げるのです。魚にとって水は敵ではなく味方です。水があるからこそ速く泳げるし、

魚にとって、水は敵になるものではなく、水を活かしているからこそ、あれだけの速さで泳ぐことができる。人間にとっての重力も同じことが言える。重力に逆らうのではなく、うまく利用することで、身体を自由に動かすことが可能となる。

逆に言えば水がなければ魚は泳ぐこともままならなくなってしまいます。

これは重力も同じです。重力に逆らうのではなく重力を上手に利用するからこそ身体は自由に動かせるし、重力がなければ自在に動くこともできません。しっかりと「立つ」ためにも、重力とのつきあい方はとても大事です。

膝の抜きと重力

次は武道においてよく使われる膝の抜きについて考えてみます。膝の抜きも色々な解釈がされていますが、よく言われるのが「膝カックン」のように膝を急激に落下させる膝の抜き。

足が地面から浮く感じで身体を沈める

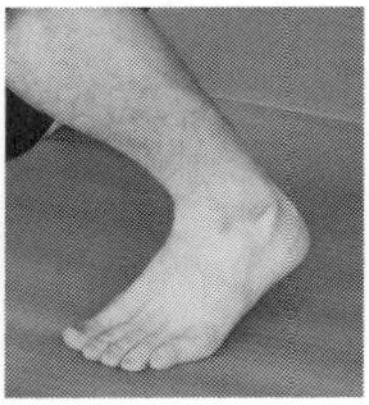

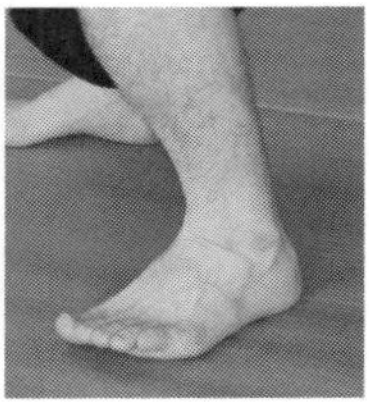

膝を抜く時、足の指先、あるいは踵を上げてしまうと（上掲の足のアップの二つの写真）、落ちる力が相手に伝わらず、相手は崩れない。

これももちろん膝の抜きの一種ではあるのですが、注意する点があります。実際にやってみるとわかりますが、立った状態で膝の力をふっと抜くと上半身の落下に対して下半身がふわっと浮いてきます。これは体重計の上で膝の抜きをした時に瞬間的に無重力のようになり、体重計の重さが0になる状態です。

無重力の状態というのも相手との力の衝突を避けて動く時には非常に有効なのですが、言葉の通り無重力では重力がなくなってしまいます。重力がないということはモノは落下しないのですから、足が地面から浮くような膝の抜きは相手を投げたり転がすような技にはならないということです。

相手を崩したり投げたりするのであれば、膝の抜きも重力をなくすのではなく重力を利用できる方法で考える必要があります。ではどうすれば良いのか。考え方としては単純で、膝を抜いた時に重さが消え

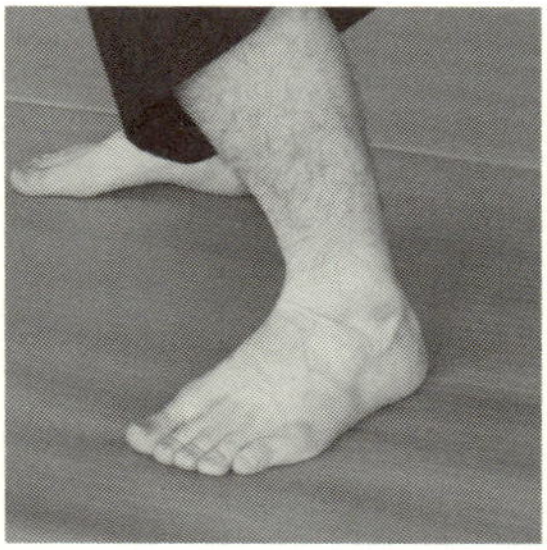

①〜③しっかり足の裏を地面につけたまま（上写真）、膝を抜き身体を落とすことで、相手に重力が真っ直ぐかかり、相手は崩される。

足を地面につけたまま膝を抜く

ないように足が地面から浮かないようにします。

次のようなことをやってみましょう。正面から両手を持ってもらいます。最初は普通に膝を緩めて足が地面から浮くような感じで身体を沈めてみます（右ページ写真「足が地面から浮く感じで身体を沈める」）。次は足を地面にしっかりとつけたまま膝を抜いて身体を沈めます（上掲写真「足を地面につけたまま膝を抜く」）。足が浮いてくる膝の抜きは重さ

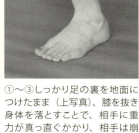

両足を押さえてもらう

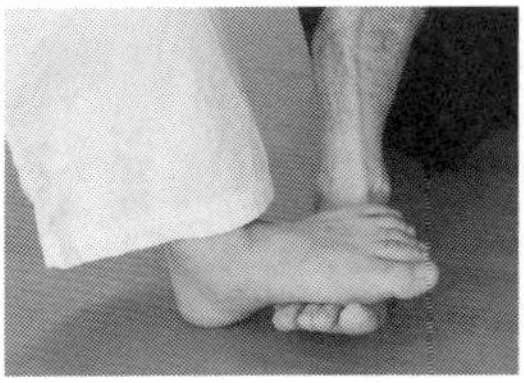

両足を踏んでもらった状態で膝を抜く稽古をすることで、足をしっかりと地面につけたまま膝を抜く感覚を養うことができる。上掲写真のように、足の踏み方が緩いと、足が浮いてしまうこともあるので、注意する。

1

2

がなくなって無重力のようなものなのですから、ふわっと身体は軽くなりますが、相手は崩れません。対して足をしっかりとつけた膝の抜きは足の重さは消えないので相手は重力によって落下して崩れます。このやり方の難しさは、最初に足を地面につけていても膝を抜いた瞬間に一緒に足が浮いてしまいやすいことと、逆に足をしっかりと地面につけておこうと意識し過ぎて身体に力が入って膝が抜けなくなることです。

足をしっかりと地面につけたまま膝を抜く感覚を身につけるために、例えば誰かに両足を踏んで押さえてもらってやってみるとわかりやすいです（右ページ写真「両足を押さえてもらう」）。そうやって足を地面にしっかりとつけたまま膝の抜きをする感覚がわかったら足を踏まれなくてもできるようにしていきます。

磁石でくっつく

足が地面にくっつくのは重力によって足が地面に引っ張られているからですが、磁石に例えるとわかりやすいです。足が鉄で、地面の下には磁石があって、その磁力でぴったりとくっついて立っているイメージです。足が固定されると身体が固まって緊張しそうですが、実は逆です。

こんな風に考えてみてください。地面に固定された靴を履いてみます。その靴を履いた状態なら、

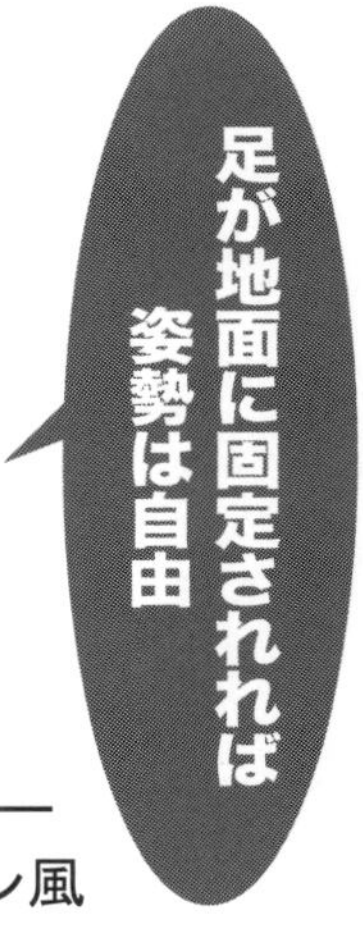
足が地面に固定されれば
姿勢は自由

足が地面にしっかりと固定されていれば、身体はかなり自由なポーズをとることができる。映画「マトリックス」の有名な場面のように上半身を後ろにのけぞらせたり、マイケルジャクソンのダンスのように身体を極端に前傾させることも可能となる。

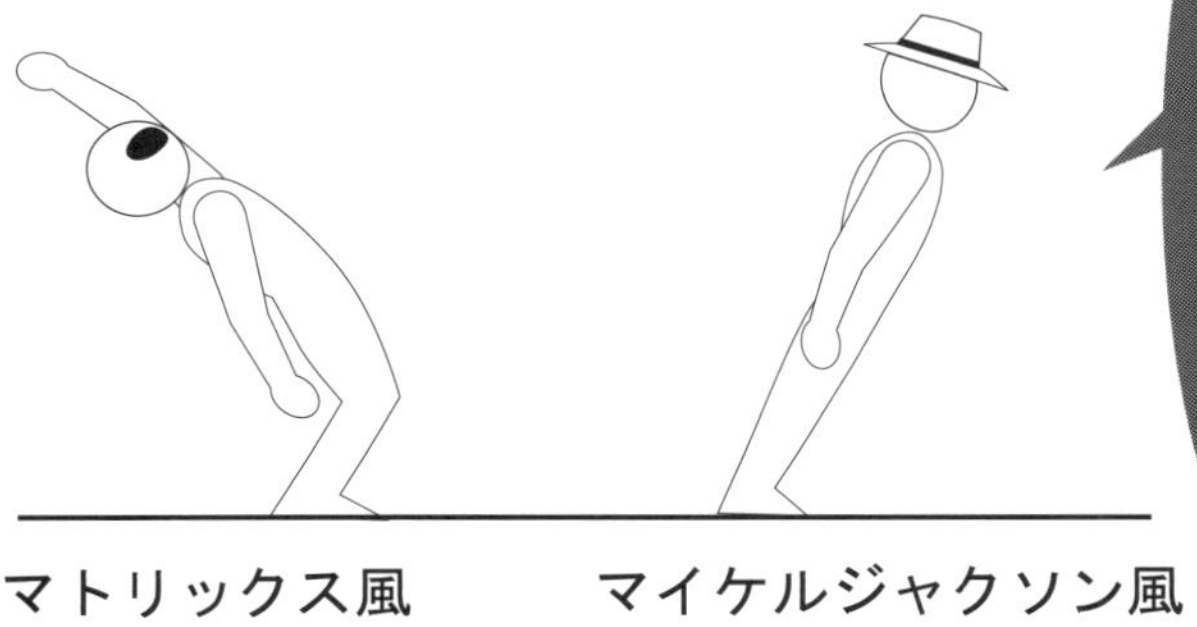
マトリックス風
マイケルジャクソン風

足元は磁石
身体は風船

足元だけ磁石でしっかりとくっついていて、身体は風船のようにふわふわと動ける状態をイメージすると、わかりやすい。足が地面にしっかりとくっついていれば、逆にそれ以外の身体の部分は力を抜いて楽に動くことができる。

身体はかなり自由なポーズをとることができますし、後ろにグッとのけぞっても前に傾いても身体が倒れることはありません。

つまり足が地面にしっかりとくっつけば、逆にそれ以外の身体の部分はむしろ力を抜いて楽に動けるようになります。足元だけ磁石がついた風船のような感じで身体はふわふわと動けるけど、ちゃんとその場所に立っている状態をイメージしても良いです。

ただし足元を固定するといっても、居つかないように気をつける必要はあります。居つくというのは動けない状態であり、逆に言えばいつでも動ける状態であれば、居ついていないわけです。足が地面にくっついていても、その磁石をいつでもはがして動けるのであれば居ついていない状態であり、もし足をさっとは動かせない状態であれば居ついていると言えます。

そういう意味では、足の磁石は電磁石のようにオンオフを自在に切り替えられるようにイメージしておけば、居つかずにすむと思います。

蹴らずに踏む

膝の抜きと合わせて、「蹴る」と「踏む」の違いも明確にしておいた方が良いと思います。

柔術において基本的にやってはいけないのが地面を「蹴る」という行為。地面を蹴るという行為

一歩足を踏み出して膝を抜くような場合、地面を"蹴る"のではなく、"踏む"ようにする。そのための方法として、地面の上にある水風船を踏みつぶすイメージで足を踏み出すとよい。蹴らずに踏むことで、重力を使った感覚が身についていく。

は重力に逆らう動きなので、どうしても筋力による力の反発が起きやすく、柔術では技の時はもちろん、立ったり歩いたりする時も地面を蹴りません。

「蹴る」と近い意味で使われるのが「踏む」という言葉ですが、この二つは意味が違います。「蹴る」というのは衝突。接触面とは衝突する力の反動で離れていきます。「地面を蹴ってジャンプする」というのがわかりやすい例です。

「踏む」というのは持続圧。接触面との接触を保ったまま力を加えていきます。だから自動車のアクセルは「踏む」とはいうけど、「蹴る」とはいいません。ですので、膝の抜きの際にも重力を発生させるためには、地面を蹴るのではなく踏むという感覚が必要です。

正面から自分の片手を両手で握ってもらい、足を一歩踏み出します。その時に出した足の膝を抜きながら地面を「蹴る」のではなく「踏み」ます。イメージとしては

水風船を踏みつぶすように踏み込むと…

左掲写真は、柔らかいゴムボールを水風船に見立てて、それを踏みつぶしながら足を出している。足を踏み出す際、〝蹴って〟しまうと足がつっかえ棒のようになって反発する力が生じてしまう。蹴るのではなく、膝を抜きながら、地面の中に潜るようなイメージで踏み込むと、相手は大きく崩される。

地面の上にある水風船をそのまま体重をかけて踏みつぶすような感覚（前ページ写真「水風船を押しつぶすように踏み込むと…」）。この時に地面を蹴るような力を出すと、結果的に足が地面から離れるような力が働き、重力が消えてしまいます。

「蹴る」と「踏む」の感覚が最初は区別しづらいかもしれませんが、稽古をしているうちに「あぁ、そうか」とわかってきます。考えるよりもまずは繰り返しやってみることです。蹴らずに踏むという重力を使った感覚の世界に、まさに足を一歩踏み入れることが大事です。

手の内と足の内

「立つ」「歩く」というのは日常動作としては基本的な動きですが、武道としてはもっとも難しい動きでもあります。「歩く姿が武になる」というのは武道においては理想とされます。これは武道の特殊な身体使いが日常の歩く時にもできるようになる、というよりは、日常の何気ない歩く動作そのものが武の本質なのである、という風に私は解釈しています。そのためにも足の感覚というのは非常に大事なんです。

突然ですが、手のひらと手の甲はどちらが表でどちらが裏でしょうか。おそらくほとんどの方が手のひらを表、甲を裏と答えると思います。手で何かをする作業というのは、主に手のひら側を

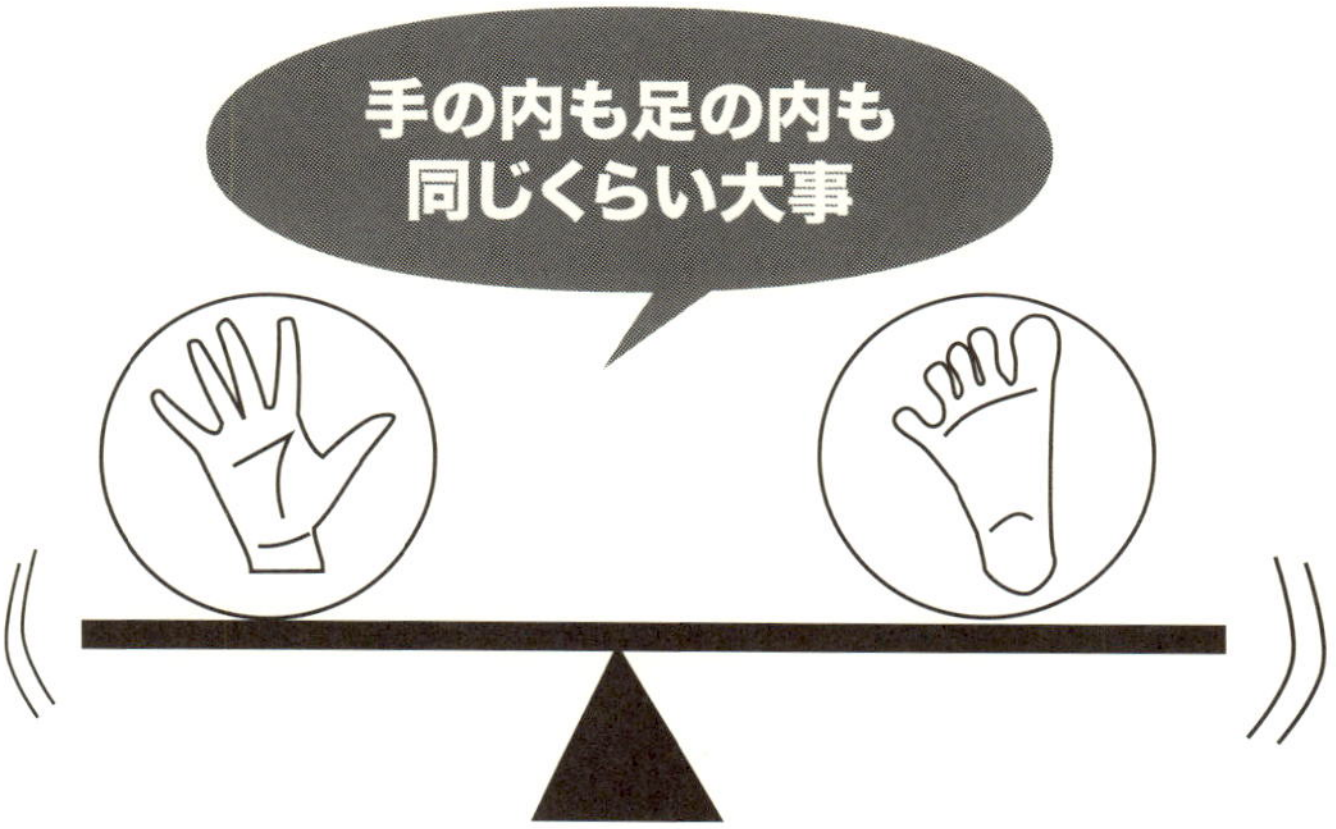

手のひら側を表と考えると、それを足に当てはめれば、一般的に「足の裏」といわれている側、つまり足のひらが表といえる。足のひらは、地面（地球）とつながる大事な部位であり、その“足の内”の感覚も、手の内と同様、とても大事なものである。

使うことですから、使用頻度や重要度からいってもまあ当然といえば当然です。

さて、そこで質問を変えてみます。足の裏ってどこ？　これもほとんどの方が同じ場所を指すと思いますが、ちょっと考えてみてください。足の裏表を手と同じように考えたら、一般的に足の裏といわれる側は表じゃありませんか？　足のひらが表で、足の甲が裏でしょう。手のひらは表舞台のような扱いに対して、足のひらってなんだか裏方のような扱われ方です。でも手のひらが人やモノとつながる大事な部位であるように足のひらは地面（地球）とつながる大事な部位なんです。

「手の内」と同様、「足の内」の感覚も大事にしなくてはいけません。足の内の感覚が磨かれていけば、重力によって下に引っ張られる力を感じ取れるようになります。他人の足を引っ張ってはいけませんが、地球には足を引っ張ってもらいましょう。

■

第7章

“歩く”「犬も歩けば棒にあたる」

～歩きださなきゃ始まらない～

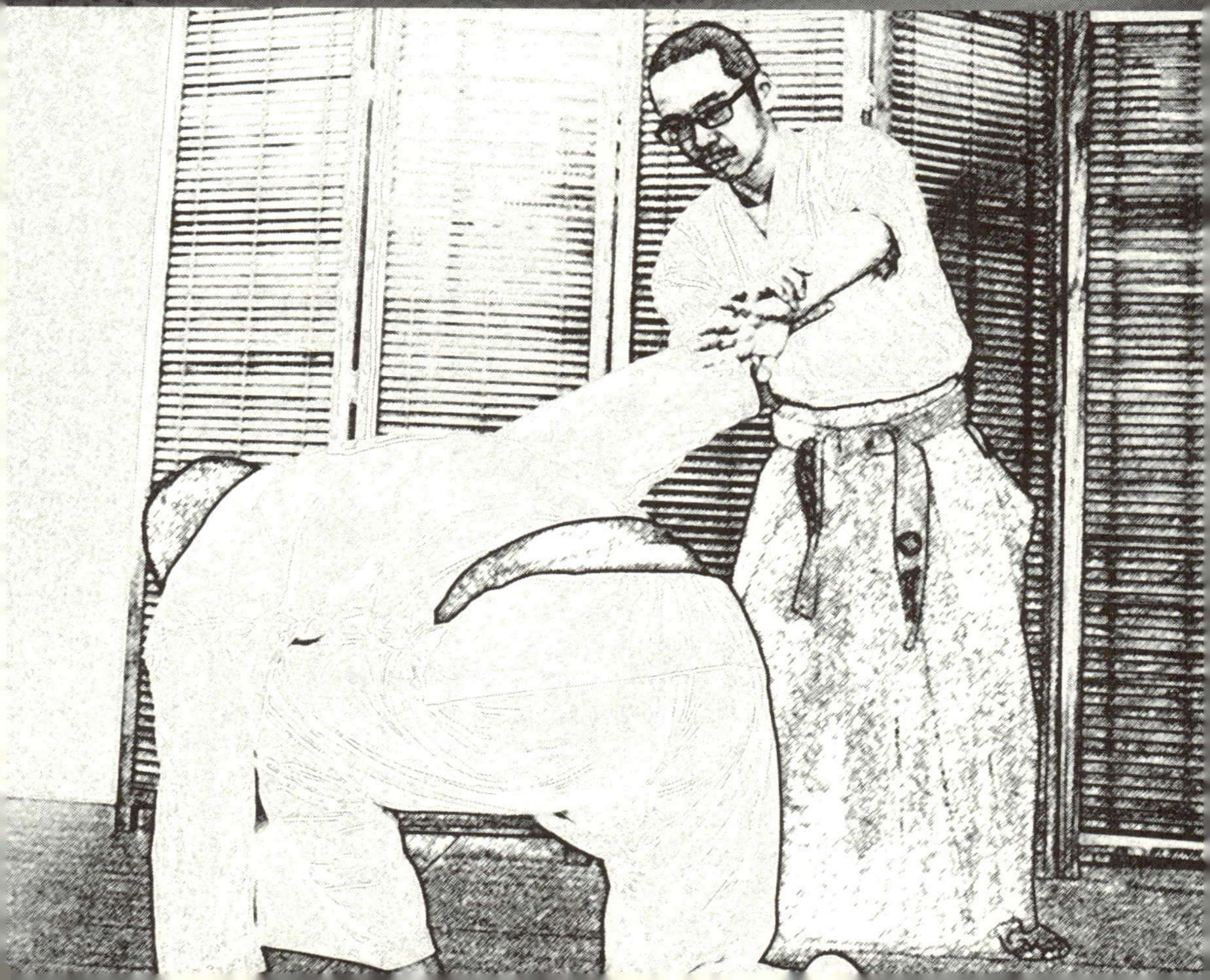

前章では「足」をテーマにしましたが、その中でも「歩く」ことについて、さらに詳しく説明していきます。

武道において「立つ」「歩く」は非常に重要ですが、身につけるのにもっとも苦労する技術でもあります。それはなぜか？　もともと経験のない新しい技術というのは練習した分だけ上達するし身につけやすい。しかし「立つ」「歩く」というのは、既に成長の過程で無意識レベルで身につけてしまっているというのが問題なのです。

自転車というのは乗れるまでは大変でも、一度乗れてしまえばそれ以後は何も考えなくても乗れるようになります。では、もし「もう一度自転車の乗り方をゼロから覚え直してください」と言ったら、それはできるでしょうか。

ゼロから学び直すということは、まずは自転車に乗れない状態になる必要がある。しかし一度自転車に乗れてしまった人は、今度は自転車に乗れないという状態がわからない。もう一度ゼロから自転車の乗り方を覚えようとしても、自転車に乗った瞬間に無意識に一度覚えてしまったやり方で自転車に乗ってしまいます。

「立つ」「歩く」というのも同じです。どんなに身体をまっさらな状態にして学ぼうとしても、人は立てない状態、歩けない状態というものが既にわからない。極端な話、もう一度赤ちゃんから始めなければ「立つ」「歩く」を学び直すというのは不可能なのかもしれません。

しかし、そう言ってしまえば身も蓋もない。ですから「立つ」「歩く」を身につけるには赤ちゃんとまではいかなくても、なるべくゼロの状態に近い身体で学べるかというのがポイントになってきます。

世襲制のメリット

ところで、もし赤ちゃんの時に身につけた「立つ」「歩く」が最初から理想的なものだったら非常に良いですよね。人がどうやって立ったり歩くのを学んだかと言えばそれは身近な人、つまり親の動きを真似することで身につけます。だから親子で姿勢や歩き方が似るというのは当然起こりえます。

では赤ちゃんにとっても一番身近な存在である親が理想的な立ち方、歩き方をしているとしたら赤ちゃんはその立ち方や歩き方を無意識に学ぶことになります。

武道に限らず日本の伝統芸能においては世襲制というのは結構多い。伝統芸能の歌舞伎や武道においても、「立つ」「歩く」といった立ち居振る舞いは非常に重要ですし、それができなければその芸事の風格を表すことはできません。

先ほども言ったように「立つ」「歩く」というような動きは一度覚えてしまうと修正するのが非常に困難ですが、伝統芸能や武道の家に生まれた子供はその立ち居振る舞いを最初から身につけや

赤ちゃんは、両手両足を交互に動かして床を這う「ハイハイ」から、徐々に立ったり、歩いたりするようになっていくが、親などの身近な人たちの「立つ」「歩く」姿を無意識に学んでいる。大人たちは、赤ちゃんの前で立ったり、歩いたりする時は、見られている意識が必要かもしれない。

すい環境にいます。なにしろ最初に立ち方や歩き方を学ぶ身近な存在である親が、その芸事に必要な立ち居振る舞いをしているのですから。

世襲で続いている武道では、親が子供に直接技術的な指導をしていなくても、そばで自分の立ち姿、歩き姿を見せているだけでその武道の一番重要な部分を伝えていることになります。

そう考えると武道や芸事における世襲制というのは閉鎖的なイメージもありますが、技術的な伝承という意味では合理的なシステムなのかもしれません。

上達するには1万時間？

とはいえ我々一般人は最初から理想的な立ち方や歩き方を身につけられるわけではないのですから、それを改めて学ぶ方法を考えなくてはいけません。

ある技術を身につけて習得するのには、1万時間の練習が必要という法則があります。継続なくしては何事も身につけられないというのは当然ですが、技術の上達条件を具体的に1万時間という数値で表しているのがこの法則の興味深いところです。

1万時間というのが果たしてどれくらいなのかピンとこないかもしれませんが、1日3時間の練習を毎日続けた場合は10年、1日6時間なら5年で達成します。要するに技術をしっかりと身につけるには、少なくとも5～10年くらいはやらないと駄目だよ、ということです。

確かに武道においても、ある程度の実力を付けるためには、一区切りとして10年の稽古は必要な気がします。ただし1日に費やした時間によってトータルの期間は大きく変わるのですから、1万時間を10年で達成した人と、休み休み練習して30年以上かけて達成した人では同じ習熟度になるとはいえません。

技術の習得というのは水を火にかけて沸騰させるようなものです。0度の水を稽古という火で温めることで温度が少し上がります。ある程度上がった水の温度が冷めないうちに次の稽古をするこ

水を温めるのも稽古も
あまり間をあけないこと

火をかけて水を温める場合、火をかけ続けていれば、水温は徐々に上がるが、休み休みで火をかけても水温は上がらない。どんな分野における稽古も、これと一緒で、継続性が重要になる。

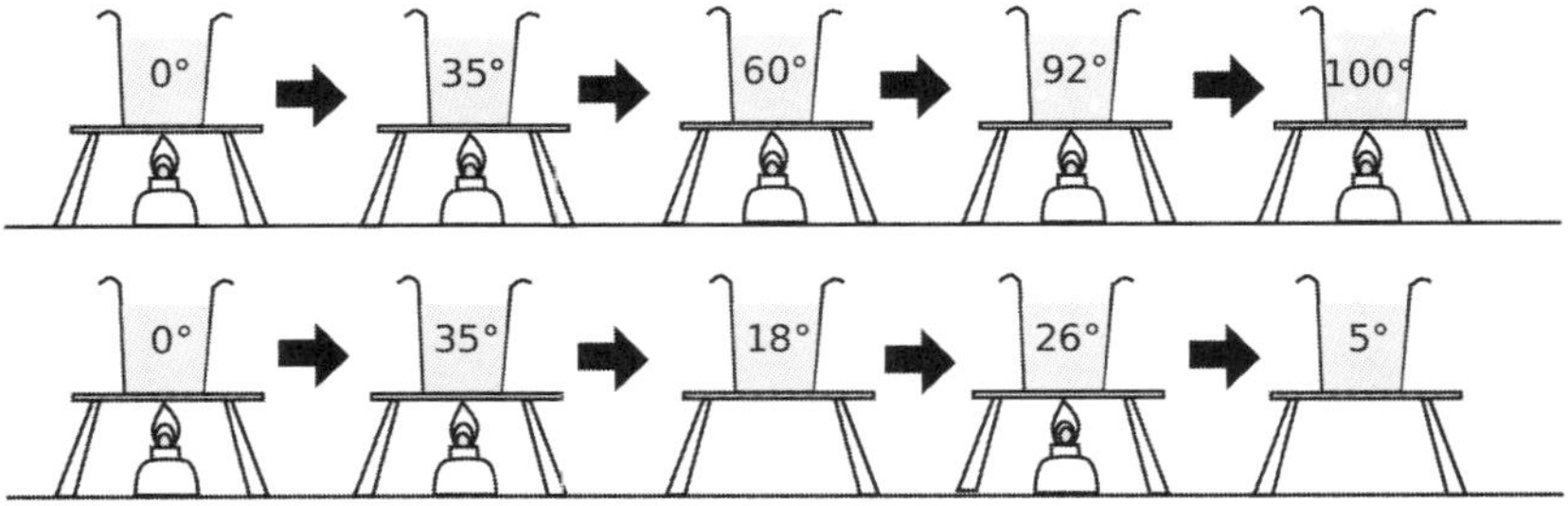

とでさらに水の温度が上がります。そうやって少しずつ水の温度が上がれば、やがて水は100度に達し沸騰します。

これが技術のひとつの到達点だと思います。だとしたら1回の稽古で水の温度をいくら上げてもしばらく稽古を休めば水は冷めてしまいます。そして改めて稽古をしてまた水の温度を上げても、またしばらく間をあければ水の温度は下がっていきます。このように稽古にブランクが生じるほどにせっかく温めた水の温度は何度も下がってしまい、中々100度に達しません。ですので1万時間の達成には単純な累積だけでなく、あまり間をあけずに行う密度がとても大事です。

そしてもうひとつ大事なのが「明確な意図」を持ってやっているかという点。例えば「立つ」「歩く」ということはほとんどの人が生まれてからずっとやっていることです。ならば1万時間以上立ったり、歩いている人はいくらでもいるし、1万時間の法則で考えれば、世の中の多くの人が「立つ」「歩く」に熟達しているはず。

極端に言えば、毎日欠かさず寝ているのだから人はみな睡眠の達人になってもいいし、1万時間を超えて生きていれば人生の達人になってもいいはず。ところが実際には多くの現代人は睡眠障害に悩まされているし、人生の達人にもなれていない。なぜか？　どんなに時間をかけても、なんとなくやっているだけでそこに明確な目標や意図が含まれていなければ、1万時間の中の時間にはカウントされないのです。

人は「立つ」「歩く」を意識的には行わずに、ほぼ無意識に「なんとなく」立ったり歩いているだけである。武道においても上達が早い人もいれば、長く稽古していてもなかなか上達しない人もいます。ちゃんと明確な意図を持って稽古をすれば、「好きこそものの上手なれ」になりますが、なんとなく続けている稽古では「下手の横好き」で終わってしまいます。何かを身につけるためには時間と密度、そして明確な意図が大事です。

「立つ」と「歩く」は同じ

さて前置きが長くなりましたが、具体的な身体の使い方の話に入りましょう。「立つ」ことと「歩く」ことの違いは何でしょうか？

歩くというのはA地点の「立つ」とC地点の「立つ」を結んで移動することです。ではA地点とC地点の間にB地点の「立つ」を作った場合は、AからB、BからCへの移動が「歩く」ということになります。ではさらにD地点、E地点、F地点と「立つ」場所を増やしたなら……。

そうやって考えていくと、「立つ」を連続したものが「歩く」であり、「歩く」を切り取ったものが「立つ」なのです。つまり立つことと歩くことは本質的に同じです。歩くというのはパラパラ漫画のようなものです。一枚一枚のコマ（絵）は動いていなくても、それを連続して見ていくと動いているように見える。そしてこのパラパラ漫画はコマが多いほどなめらかな動きになるし、逆にコマが少ないほどおおざっぱな動きになります。

ですから歩く動作のなかに、どれだけ多くの「立つ」コマを入れられるかが重要です。

コマが多いほど
動きが滑らかになる

「立つ」を連続したものが「歩く」であり、「歩く」を切り取ったものが「立つ」である。「歩く」動作を、パラパラマンガのように切り取ると、一枚一枚のコマは静止画であっても、それを連続して見ていくと動いているように見える。その時、コマが少ないと一枚一枚のつながりが粗いものになるが、コマが多いほど、なめらかな動きになる。

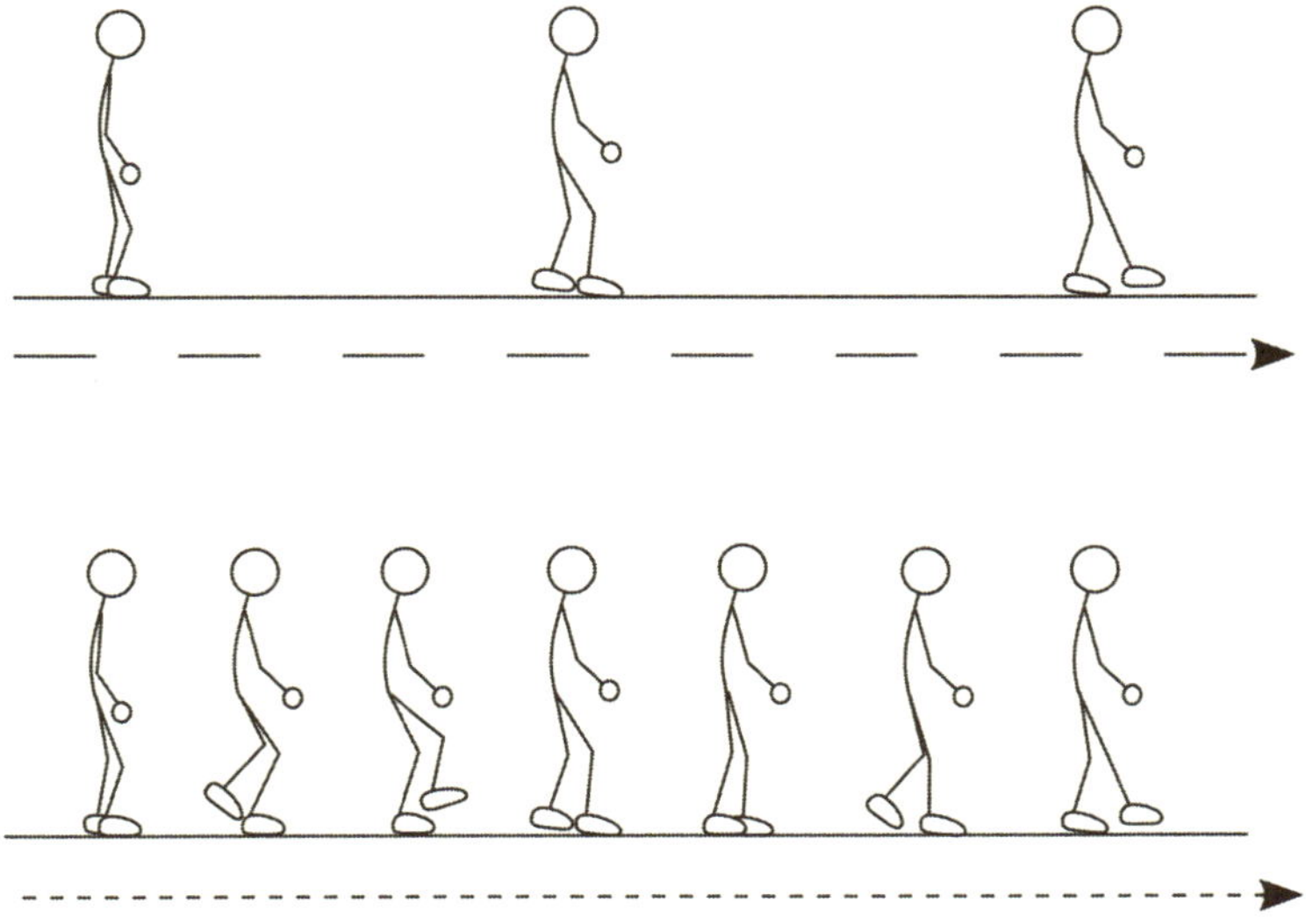

可動域とコマ

柔軟性というと、足の開脚ができるとか、前屈して手がつくとか、単純に可動域の大小で評価されます。例えば誰かに足を持ち上げてもらった時に足が頭まで上がれば、そこまで可動域があると考えます。

では、それを自分でゆっくりと足を上げても同じことができるでしょうか。動作をゆっくりと、しかも自由に静止することができる足の可動域は先ほどの誰かに持ち上げてもらった可動域よりも狭いと思います。他動的に持ち上がった足の可動域は、あくまでもそこまで関節が「動く」だけで能動的に動かしているのとは違います。

可動域にはその動作を意識的にコントロールできる能動的可動域と、勢いやスピード、または他動的に力を加えることで動かせる受動的可動域があります。武道において重要なのは能動的可動域であり、先ほどのパラパラマンガの例えのように、能動的可動域の中にコマを増やしていくことで、より細かい動きのコントロールが可能になります。逆にいくら可動域が広くても、コマが少なければ動きは雑になってしまいます。

年をとって身体の関節可動域が小さくなっても、残された可動域の中でコマを無数に増やし続けていけば、技は衰えるどころかむしろ高まっていきます。30センチ動いてコマが3しかない人と、

受動的可動域と能動的可動域

身体の柔軟性は、一般的には、股関節がどこまで開くか、あるいは肩がどこまで動くかなど、可動域で示される。この可動域には、「受動的可動域」と「能動的可動域」の２種類がある。「受動的可動域」は、人の補助を受けたり（①）、自分の身体の他の部分を用いたり（③）、または身体を回転させるなどして反動を利用したりして動かせる範囲のことをいう。これに対して「能動的可動域」とは、上記のようなものを一切用いずに動かせる範囲のことをいう（②④）。武道・武術において重要なものは「能動的可動域」である。

【受動的可動域】

【能動的可動域】

下掲イラストのうち、左は可動域が広く、コマが少ない初心者の動き。右は可動域が狭く、コマが多い熟練者の動き。コマ一つひとつが、その部位を自在に動かせるポイントを示している。可動域が小さくても、その可動域の中でコマ数を増やしていければ、技の精度は高まっていく。

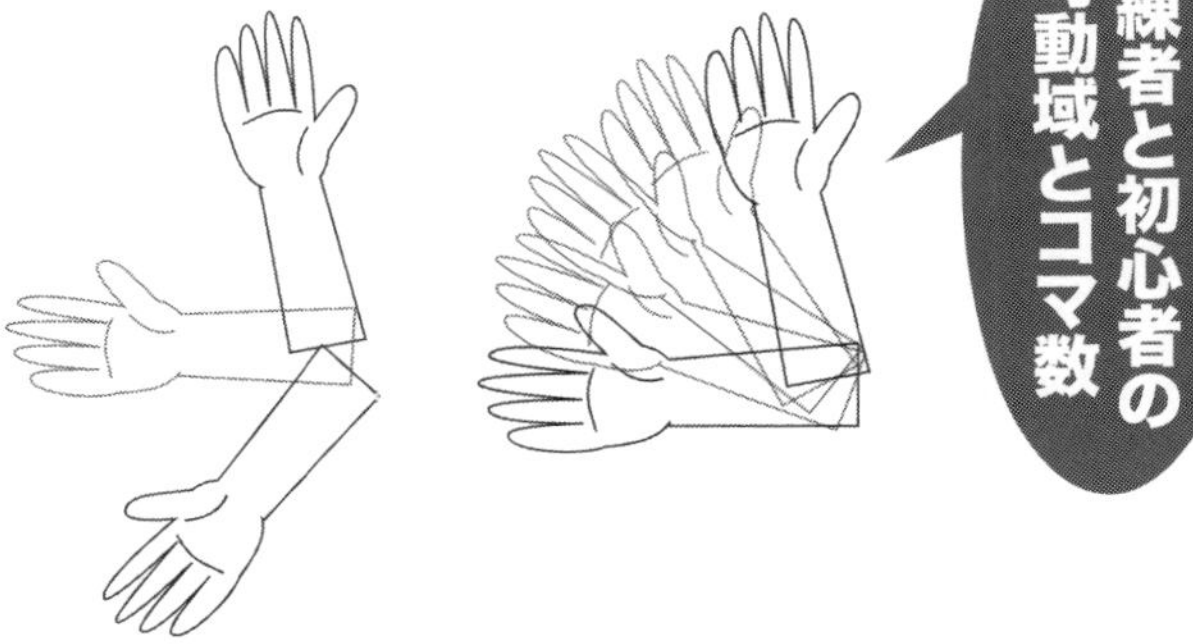

5センチの動きでコマが10ある人なら5センチの人の方がより精度の高い技が可能です。老練の武道師範がわずかな動きで相手を崩したり投げたりするのは、こういったコマの多さによるものなのです。

では、歩くのにコマを多くするにはどうすれば良いのか？　先ほど書いたように立つことの連続が歩くことなのですから、歩いているどこの姿勢を切り取っても、ちゃんと立つことができていれば良いわけです。コマを増やすためにはなるべくゆっくりと歩いてみます。ちゃんと「立つ」コマが作れていれば、歩いているどの位置で静止してもバランスを崩すことはありません。

ただしその静止した時に力を入れて固まっていては意味がないので、チェック法として

歩きの途中で押してもらい
抵抗なく転がり受身がとれるか

歩く際に一歩一歩を区切ってしまい、その一歩と一歩の間についてきちんと意識が及んでいないと、その部分は自分で体をコントロールできないところということになる。一歩と一歩の間の動きについても、コマ数を増やして細かく動きを把握しコントロールできるようにしていくことは、歩く動作をより滑らかにし、武道・武術に活かせる身体操作につながっていく。このような歩きができているかどうかは、歩いているところを押してもらって、その圧力に自然に反応し、きれいな受身が取れるかやってみると確認できる。①はつっぱってしまって、うまく受身が取れていない。②～④は自然に反応できているもの。

柔術を含め、武道・武術の上達は、身につけることよりも、体にしみついてしまっている間違ったクセを手放すことが重要である。これが大変難しいことなのだが…。

は歩きの途中で誰かに身体を押してもらい、その時に身体が固まってなく抵抗なくコロンと受身が取れればＯＫです。立っている時も歩いている時も、常に受け身ができる身体の状態を保つようにしましょう。

考える足

柔術の稽古を長年続けていると「立つ」「歩く」ことの難しさが身にしみてわかってきます。

そして何かを学ぶ時に一番障害となるのは、「できない」ことではなく「できている」ことなんです。一度身につけたモノを手放すことはとても難しい。柔術において上達するのに必要なのは身につけることよりも手放すこと、足し算よりも引き算なんです。

そう考えると1万時間という学びの内訳というのは、新しいことを身につけるための時間よりも、すでに身につけてしまったことを手放すために費やす時間が主なのかもしれません。だからこそ稽古というのはただなんとなく繰り返すだけではなく、何が必要で何が必要じゃないのか、何を得て何を手放すのかをちゃんと考えながら稽古をしなければ、「立つ」「歩く」といった足の使い方も身につけることはできません。

哲学者パスカルも言ってました。「人間は考えるアシ（葦）である」と。

しっかりと考えることができる足になりましょう。■

稽古はいくら数を繰り返してやっても、なにも考えず繰り返すだけでは上達しない。一つひとつの動きを考えながら行うことで、足の使い方も身についていく。

第8章

“腰”
「腰と重力の関係」
～腰を落ち着ける～

肉月《にくづき》に要と書いて腰という言葉の通り、身体の中でも腰は非常に重要な部分です。武道の世界でも「腰を入れる」「腰を落とす」「腰から力を出す」など、腰を使った言い回しはありますが、案外明確な腰の使い方というのは曖昧で、そもそも腰って何?という疑問がわいてきます。

腰に関する説明は正直難しいのですが、こうやって本を書かせていただいているので、そうも言ってられません。というわけで、よっこらせと重い腰を上げて本腰いれて解説していきましょう。

腰が高い

武道では「腰が高い、低い」とか「腰を落とせ」という表現がよく使われます。勘違いしやすいのは、この場合の腰の高い、低いというのは腰の「位置」ではなく、重心の状態を指しています。緊張して重力に逆らっている時は重心が上がっているので腰が高く、脱力して重心が下がった状態は腰が低いということです。

例えば、左ページのイラストを見て比較した場合、AとBならAの方が「腰は低い」と言う人がほとんどだと思います。もちろん間違ってはいないのですが、武道的には見た目の腰の位置だけでは腰の高さは決まりません。

だから「腰を落とせ」と言われて腰の位置を下げても、重心が下がっていなければ腰は下がった

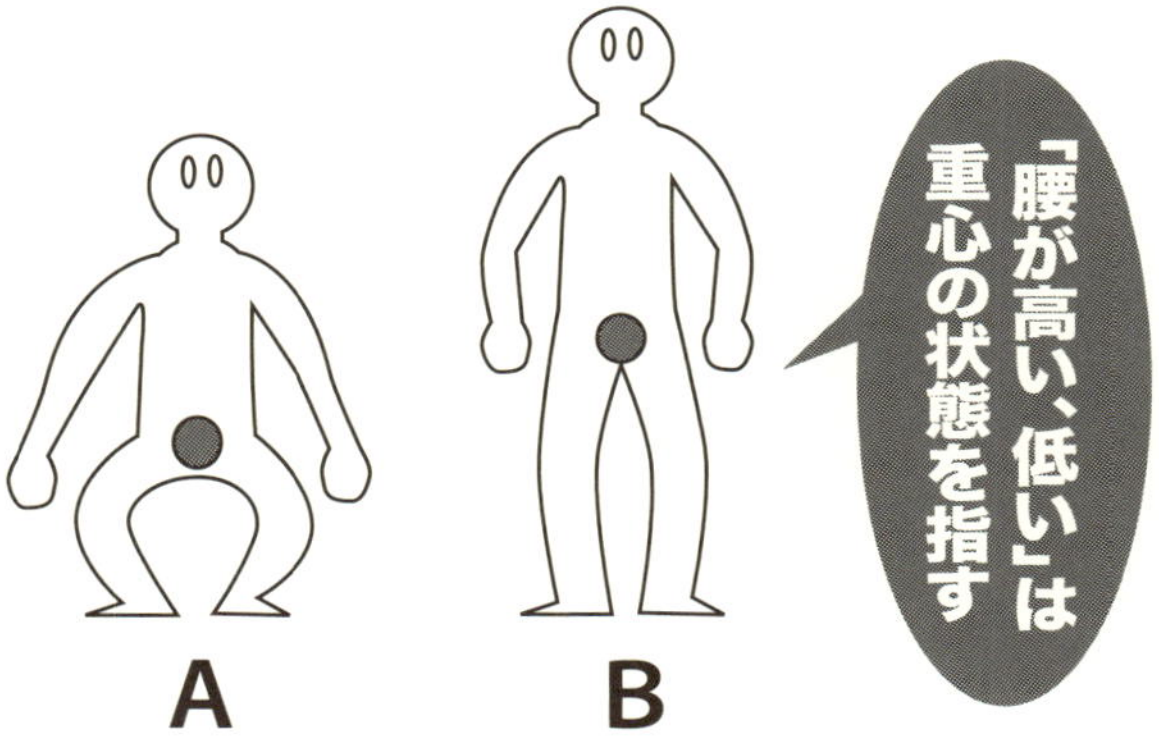

ＡとＢであれば、大半の人が「Ａの方が腰が低い」と言うだろうが……。

ことになりませんし、むしろ腰の位置を下げるほどに緊張してしまえば、重心が落ちていくどころかむしろ上がってきます。そうなると腰の位置を落とせば落とすほど腰が高いという、ちょっと変な状況になってしまいます。

考えてみれば、実際に腰の位置が低いほど良いということになってしまえば、ほとんどの武道の流派はみな超低姿勢な構えばかりになってしまいますからね。

話はそれますが、腰が「高い」「低い」には、ご存じのようにそれぞれ「横柄である。尊大である。頭《ず》が高い」「高ぶらないさま。謙虚なさま」という意味があります。こういった態度や精神面もまた、腰の高い低いで表せるというのは興味深いですよね。

つまり武道においても、腰が高い、低いといった指摘というのは修行者自身の精神面への注意という面も含まれていると考えると、なかなか面白い表現ですよね。

緊張　　**脱力**

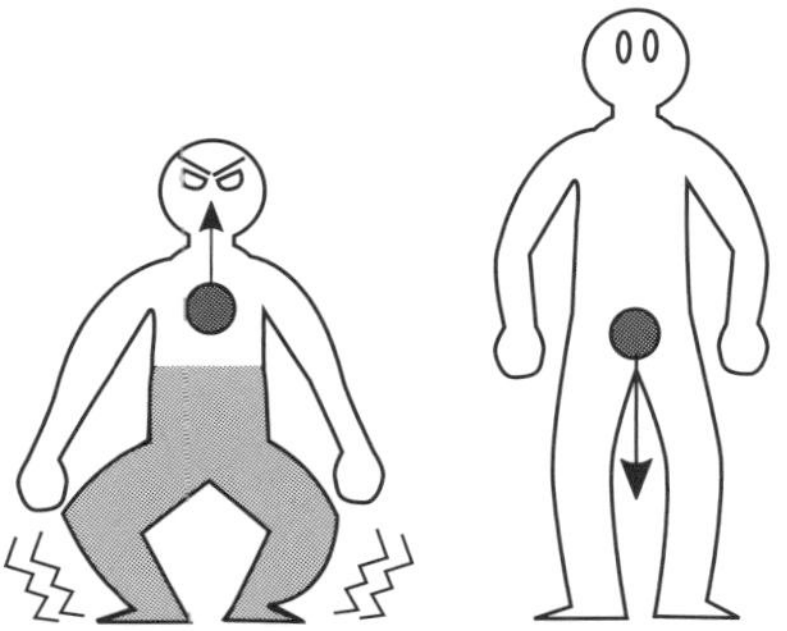

腰（重心）が高い　　**腰（重心）が低い**

「腰が低い、高い」は、腰の「位置」ではなく、「重心の状態」で決まる。緊張して重力に逆らっている時は重心が上がっているので腰が高く、脱力して重心が下がっている状態は腰が低いと言える。

具体的に腰を低くして重心を落とすのにどうすれば良いかといえば、やはりポイントは「脱力」です。脱力をしっかりすれば、重力によって身体は地面に引っ張られ自然に重心は落ちます。つまり「腰が高い」「腰を落とせ」と言われた場合は、まずは「無駄な力を抜け」「脱力しろ」と言われていると捉えれば、わかりやすいかと思います。

腰は上半身？　下半身？

さて次は腰そのものの場所について考えてみましょう。「腰はどこ？」と言うと、多くの人がウエストあたりか骨盤を指し示すと思います。では、腰は上半身に含まれるのでしょうか、それとも下半身に含まれるのでしょうか。

例えば「腰を捻ってください」と「上半身を捻ってください」と言った場合、動きはどう変わりますか。ほとんどの人は「腰を捻る」というと、骨盤から捻る動きになりますが、「上半身を捻る」場合は骨盤より上の部分だけを捻ります。つまりこの場合、腰（骨盤）は上半身には含まれないという意識があるわけです。じゃあ、腰は下半身に含まれる、と言いたいところですが、もうちょっと考えてみましょう。

今度は前屈の動きをやってみます。よく見られるのが腰から曲げようとする前屈ですが、これで

腰から曲げる動作と股関節から折りたたむ動作

①自然に立った状態から、②腰のあたり（矢印）から曲げようとしても、上体を倒すことはできない。対して、③～④股関節から折りたたむと（③の白の矢印の部分から倒す意識で、あるいはグレーの矢印の鼠蹊部を折りたたむようにイメージしてもよい）、上体を充分に倒すことができる。

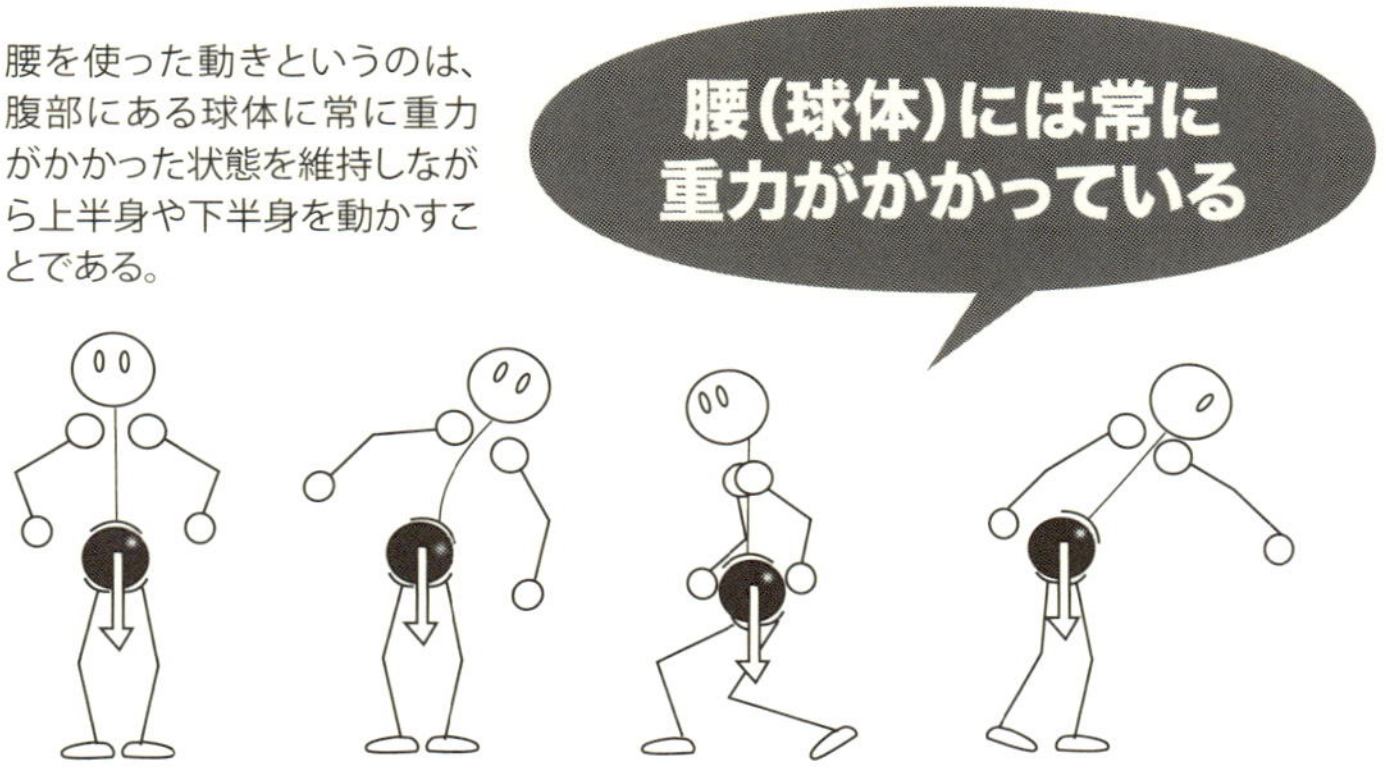
腰を使った動きというのは、腹部にある球体に常に重力がかかった状態を維持しながら上半身や下半身を動かすことである。
腰（球体）には常に重力がかかっている

は身体を前に倒すことはできません（右ページ写真②）。前屈は股関節から身体を折りたたみます（右ページ写真③～④）。

前屈というのは上半身を「折り曲げる」のではなく、上半身を下半身に「ぶら下げる」というイメージをしていただくとわかりやすいと思います。この前屈の動きから見ると骨盤も含めて上体はぶら下がるわけですから、腰は上半身に含まれると考えていいわけです。

そうなると、腰は上半身なのか下半身なのか、どっちなのでしょうか。実は腰というのは、ウエストや骨盤というように身体の部位で考えるよりも重心のバランスをとるための独立した機能と考えた方がわかりやすいです。

腹部に球体のようなものがあって、この球体は上半身や下半身の動きに影響されずに常に重力がかかった状態になっています。つまり腰を使った動きというのは腰そのものを動かすというよりは、腹部の球体が常に重力がかかった状態を維持しながら上半身や下半身を動かすことなんです。

身体を回す

では具体的な身体の動きで見ていきましょう。まずは身体を左右に回転する動きを考えてみます。ポイントは先ほども言ったように腰の重力を維持すること。身体を回転させる時に腰をひねってしまうと力の方向がぶれてしまい重力（下向きの力）が消えてしまいます。

正面から両肩をつかんでもらい身体を回転してみます。腰の重力を消さないために、まずは腰を含め下半身も動かないように止めておきます。腰を含めた全身を回転させた場合(左ページ写真②)と上半身だけを回転させた場合で比較してみます。すると上半身だけで捻った方が相手は簡単に崩れます（左ページ写真③〜④）。単純に考えると、上半身だけで回転するよりも腰を含めて全身で回転した方がパワーも強く、相手が崩れそうですが、そうはならないのが技の面白いところ。

全身を使った場合は、回転するエネルギーはありますが、相手を地面に向かって崩す力は生まれません。腰を止めて下半身の重力を残しておくと上半身の回転運動にプラスして重力による下に引っ張る力も加わるのです。上半身を回転させる時にどうしても腰も回転してしまう人は、誰かに腰を押さえてもらった状態でやってみましょう。

腰の重力を維持したまま身体を回転させる

①正面から両肩をつかまれた状態から、②腰を含めた全身を回転させようとしても、相手は崩されない。③〜④腰と下半身を動かないように上半身だけを回転させると、相手は簡単に崩される。

膝を緩めて腰を落とす

下半身を止めて上半身を回転させる方法のほかに、膝を緩めて腰を落下させながら上半身を回転させる方法もある。

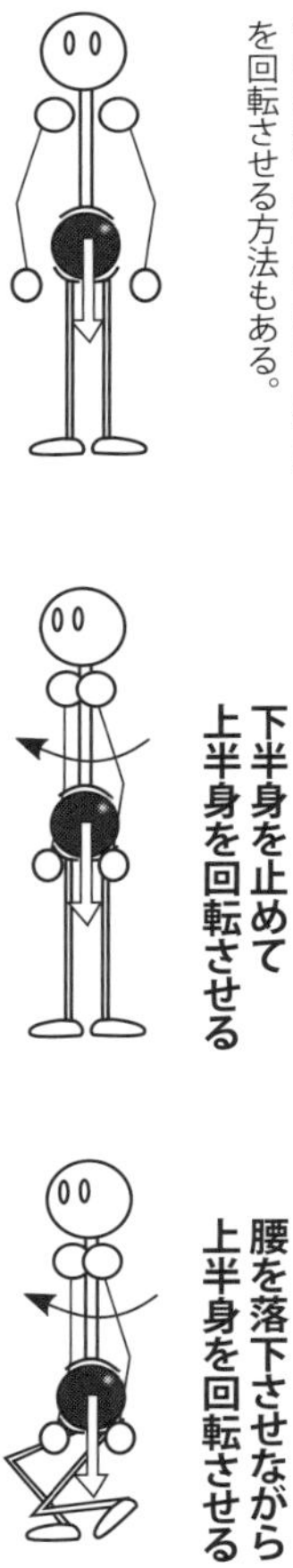

下半身を止めるのではなく、積極的に腰の重力を利用して動く方法もあります。先ほどと同様に両肩を捕まれた状態で身体を回転させますが、今度は膝を緩めて腰を落としていきます。あくまでも腰の重力を生かすのがメインなので、膝を内側に緩めることで上半身が勝手に回転するのに任せるだけで無理やり腰を捻らないように気をつけてください。

お辞儀崩し

次は身体を前に倒す動きでやってみましょう。最初にも出てきた前屈の動きですが、ポイントは先ほどと同じで上半身を倒した時にも腰の重力がしっかりと下方向に働いていること。例えば普通股関節を使ってお辞儀をすると、腹部の球体にかかる重力を真っ直ぐ下におろしながら行える。バランスが前後に偏らないように注意する。

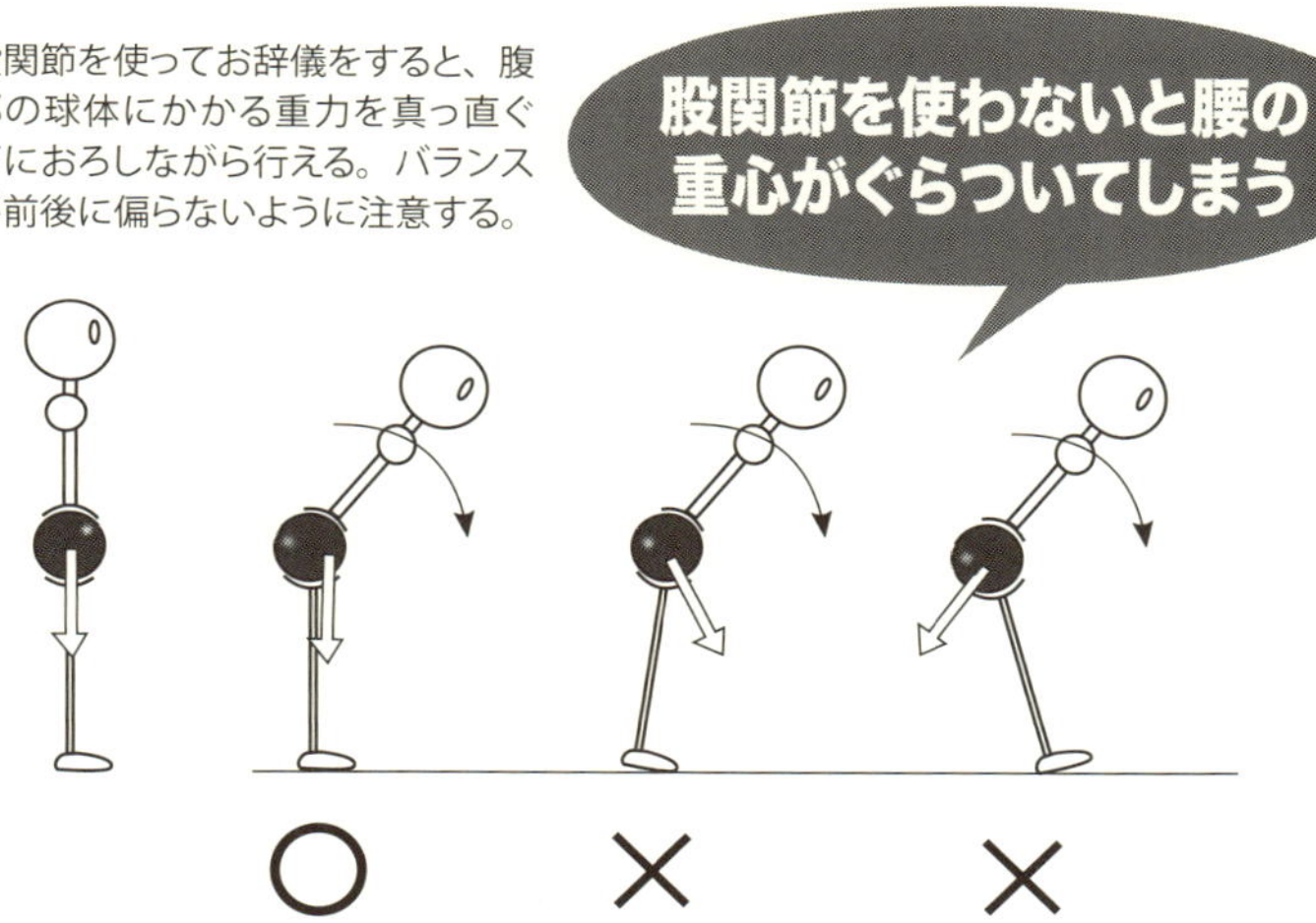
股関節を使わないと腰の重心がぐらついてしまう
○
×
×

は身体を前に倒すと、腰やお尻が後ろに下がってバランスをとろうとします。しかしそのようなバランスのとりかたをすると、腰が傾いて足の重心も動いてしまいます。かといって腰・お尻を後ろに出さないようにすると、つま先に重心がかかってしまいます。

ではどうするかといえば、股関節を使って重心がぐらつかないように前屈をするのです。股関節を滑らかに動かすことで身体をお辞儀させても腰の球体は安定したままであり、上半身の動きは下半身に影響が出ないようにします。

まず最初は胸に手をあててもらい、お辞儀をしてみましょう。腰をぐらつかせずに股関節を使い上半身だけを倒していきます。すると相手は押される力というよりは下につぶされるように下に崩れていきます（次ページ写真③〜⑤）。

股関節を使い上半身だけ倒すと相手は崩される

①自然に立った状態から、相手に自分の胸に手をあててもらう。②そこから、相手を押し込む意識で、胸を前に出そうとしても、相手は崩されない。この時、重心は前か後ろにかかっている。対して、③腰にかかる重力を真下におろす意識で、④〜⑤股関節を折りたたむように上半身だけお辞儀させると、相手は崩される。この時の注意点は、上半身に力が入りすぎないようにリラックスすること。

上半身に力が入りすぎていると重力の力を相殺してしまうので、上半身はなるべくリラックスしたままお辞儀するようにしてください。

首〆からのお辞儀

八光流には首〆捕という型があり、正面から首を絞められた時にかける技があります。型自体には色々と手順があるのですが、ここではその状態からお辞儀のみによる崩しをやってみましょう。

基本的にこちらは何もする必要はありません。ただ腰の重力を残したままお辞儀をすれば、あっけないくらい簡単に相手は崩れます（次ページ写真①～③）。ただし首を絞められた時はあんまり悠長にやっていると首が絞まってしまうので注意（笑）。

八光流における「首〆捕」のポイントに「笑う」というのがあります。笑えば首は絞まらないし、リラックスして動くこともできます。笑えば絶対に首が絞まらなくなるとは言い切れませんが、首を絞められるような事態に遭遇した時こそ、「笑う」ことに活路を見いだすという考えは八光流の真骨頂であると思います。

眉間にしわを寄せて稽古をしていても上達はしません。

「とりあえず笑っとけ」

「首〆捕」の動きと 四つに組んだ体勢からのお辞儀

①～③八光流にある「首〆捕」という型の中から、正面から首を絞められた状態からお辞儀で相手を崩す部分。腰の重力を残したまま下半身は動かさないようにして、ただお辞儀をすることで、簡単に相手は崩れる。首を絞められそうな状態では、より緊張しやすくなるので、力まないことを意識する。④～⑤四つに組んだ体勢からのお辞儀で相手を崩している。この動きにおいても、前に押し込もうとしたり、相手に寄りかかったりせずに、腰の重力を真下におろす意識で、お辞儀をすること。

こういう精神は脱力を学ぶ上ではとても大事だと思います。お辞儀の仕方は身体のどの部分にどのように接触していても変わりません。胸ぐらをつかまれた状態や四つに組んだ体勢などからお辞儀で崩してみる（右ページ写真④～⑤）など、色々と試してみてください。

腰は上半身と下半身の間に立っているまとめ役

身体というのは一致団結しているようでバラバラです。上半身が勝手に自由に動き回ると、その動きのツケが下半身にきて足下のバランスを崩しますし、下半身が動き回ることで上半身がバランスを崩してしまいます。

そうならないように全体のバランスをとって緩衝材の役割となっているのが腰です。そういう意味では、腰は上半身と下半身の間に立っているまとめ役で、会社でいえば中間管理職のようなものです。腰は身体の要なんておだてられても、上からは叱責され、下からは突き上げをくらい、年中無休のハードな肉体労働です。上も下も好き勝手に言うだけで、あちらを立てればこちらが立たない。休みたくても休めない、グチを言いたくても聞いてくれる人もいない。そんな腰にしてみれば、時には腰痛というストライキでも起こして休みたくなります。

実際、腰が立たなくなると上半身も下半身も偉そうなこと言っていられませんし、腰の有り難みが身にしみてわかります。「もっと腰を大事にしよう」「腰の気持ちをわかってあげよう」そんな風に思っても、しばらくすれば元通り。喉元すぎれば熱さ忘れる、です。

身体がちゃんとそれぞれの持ち分でするべき仕事をすれば、腰の負担は減らすことができます。腰を上手に使うには腰が悲鳴をあげてしまうようなブラック企業ボディにならずに、いつまでも気持ちよく働いてもらえるようなホワイト企業ボディにならなくてはいけません。

さて本章もそろそろ終わりですが、最後に一言だけ言わせてもらいます。

「武道とかけて美味しいうどんと説く」

そのこころは

「どちらも腰（コシ）が大事です」

では、また次章。

■

美味しいうどんの決め手はコシがあるかどうか。武道の鍵は腰の使い方。どちらも「コシ」が命である。

第9章

“力の先”「暖簾に腕押し」

～手応えのない力を目指して～

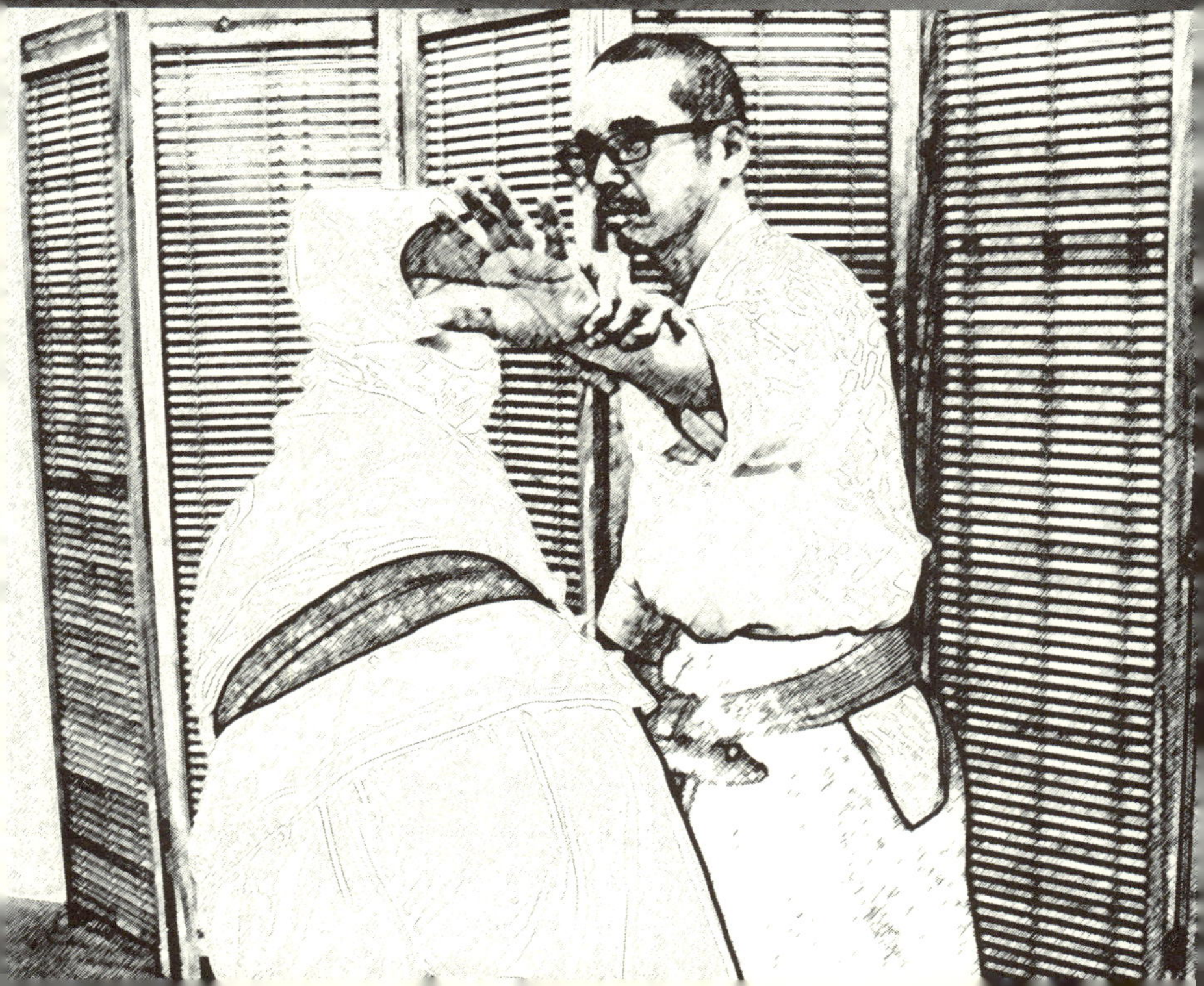

「技に力はいらない」

脱力系の武道ではよく言われますが、さて本当に技に力はいらないのでしょうか。例えば何か物を動かすには当然力が必要です。不安定な状態のものでしたら、ちょっと力を加えるだけで動くし、安定した状態のものは簡単には動かない。または軽いものであれば少しの力で動かせるし、重たいものであれば大きな力が必要です。

人間の場合、重さを物理的に軽くすることはできないのですから、技においては必然的に相手を不安定な状態にすること、つまり崩しなどによって小さな力で相手を動かします。相手の反射や意識の同調などを利用して技をかける方法もあるのですが、今はそれには触れません。

どちらにせよ何かを動かすには必ずある程度の力は必要になります。つまり力は必要ないんじゃなくて、上手に使いこなすことが大事なんです。そこで、今回はなるべく小さな力で相手を動かすにはどうすれば良いかという点について説明していきたいと思います。

「先」を動かす

地面に鉄の棒が立っているとします。この棒を押して倒してみましょう。力があれば誰でも棒を倒すことは可能ですが、棒を押す場所によって加える力の強さは変わります。棒の地面に近いとこ

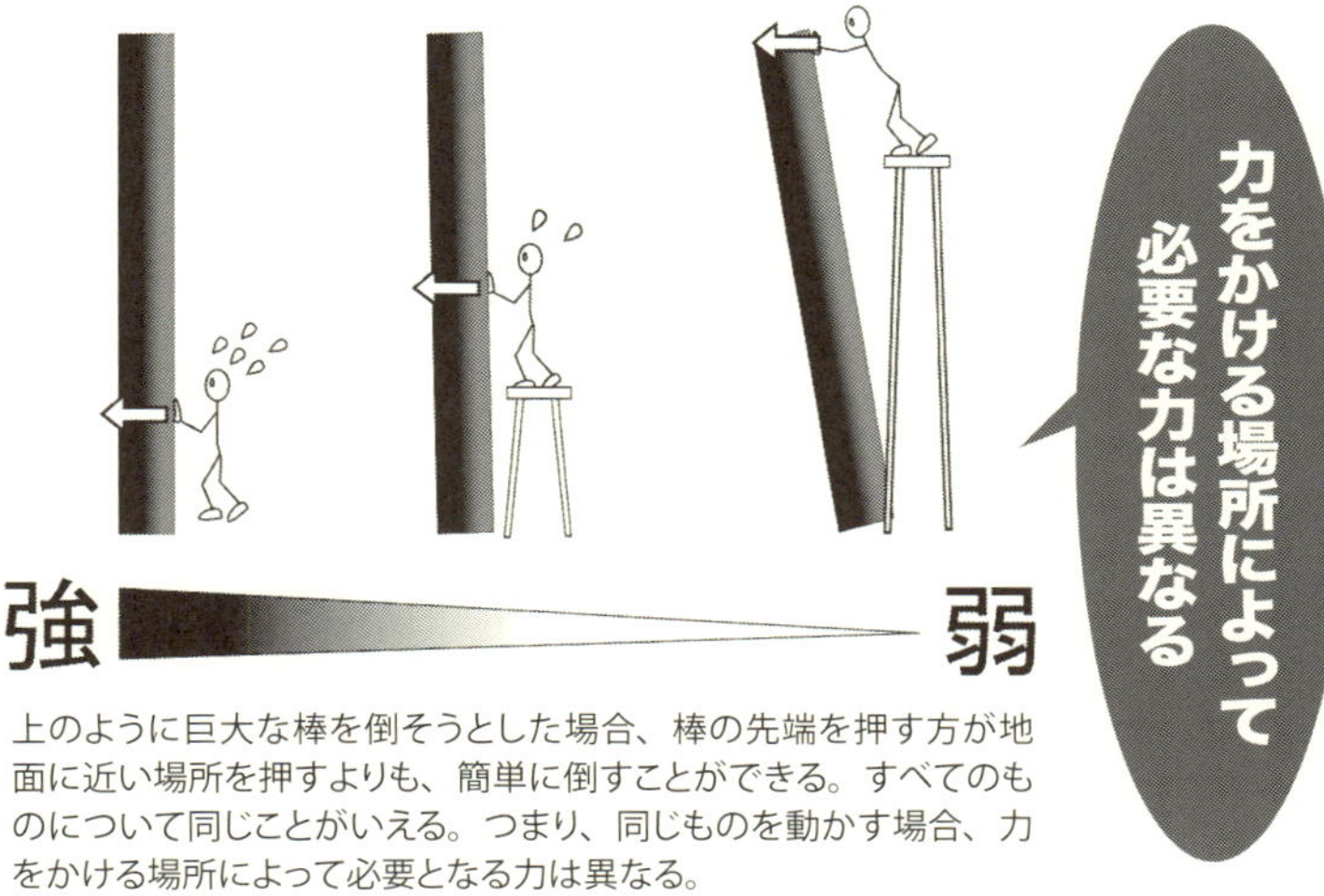

上のように巨大な棒を倒そうとした場合、棒の先端を押す方が地面に近い場所を押すよりも、簡単に倒すことができる。すべてのものについて同じことがいえる。つまり、同じものを動かす場合、力をかける場所によって必要となる力は異なる。

ろを押すよりは上の方を押す方が軽く動くと思います。棒の先端であれば、ほとんど力を使わずに棒を倒すことができると思います。つまり同じものを動かすにも、力が多く必要な場所もあれば抵抗なく動かせる場所もあるのです。

この抵抗なく動かせる場所を柔術では力の「先《さき》」と表現します。とりあえずは物体の先端部分が先であると考えてくれれば良いと思います。

今度は腕を伸ばしてしっかりと固めてもらいましょう。この腕を肩に近いところから下に押し込んでみようとしてもなかなか動きません。しかし手先に近い部分に近づくほど腕は軽く動きます。そして腕の一番先端の部分、つまり「先」はほとんど手応えがないほど軽く腕を動かすことができます。

腕を下に押される時の強い場所、弱い場所

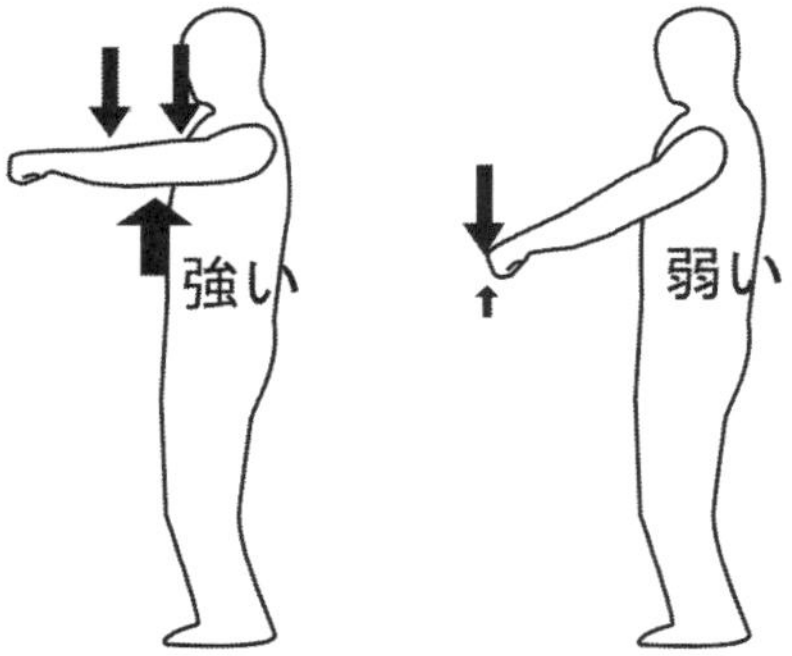

真っ直ぐ前に伸ばした腕を上から押された場合、肩に近い部分を押された時は耐えることができても、手先の方を押されると簡単に押し込まれてしまう。

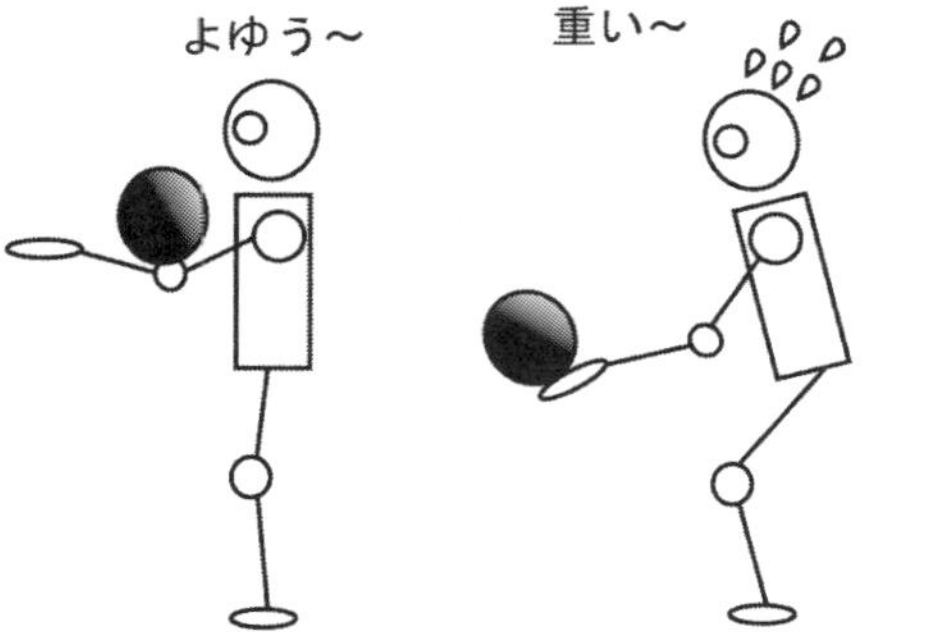

前に伸ばした腕の上に重りを乗せられた場合、手先では支えきれなくとも、肩に近い方で持てば余裕で持つことができる。

これは腕の上に何かモノが乗っかってきたらとイメージするとわかりやすいと思います。相手の「先」がわかると、とても小さな力で相手を動かすことが可能です。

「ワックスかける」

それでは「先」を動かす練習をしてみましょう。

相手に両手を伸ばしてもらい、しっかり固めてもらいます。この状態で相手の「先」である拳表面に触れ、色々な方向に動かしてみます。

やってみるとわかりますが、「先」を動かしているつもりで相手の腕を押し込んでしまいやすいです。押し込んでしまうと相手の力の「中」に入ってしまい押し返されてしまいます。そうならないように相手の「先」だけを捉えて動かせるようにしましょう。イメージとしては窓ガラスを拭いているようなイメージで動かすとわかりやすいです。

映画「ベストキッド」で主人公が「ワックスかける、ワックスとる」という動作で相手の攻撃をさばくというのがありましたが、これに近い動きです。相手の肩関節を意識して、そこを支点にして振り子のように動かすイメージをするとわかりやすいです。

「先」を動かす

①握り拳で腕を伸ばした相手の拳に手を触れた状態から、②押し込もうとしても、なかなか相手の腕を動かすことはできない。③④触れている部分、つまり相手の「先」だけを捉えて動かすようにすると、左右にも（③）、上下にも（④）動かすことができる。

先は小さく

「先」を動かす時に気をつけたいのは、なるべく「先」は小さく捉えるということ。先ほどの拳を握って手を伸ばした状態では相手の拳全体が「先」になりますが、実際に拳全体を面として「先」を捉えようとすると、力が拡散しやすく、相手とぶつかりやすくなってしまいます。効率よく「先」を動かすためには、なるべく「先」を、面でも線でもなく点で捉えるようにします。

先ほどの「先」を動かすのを、相手の拳を面として動かした時と、点で動かした時にどちらが軽い力で動かせるか試してみましょう。すると面で動かすよりも、相手に触れる場所を任意の一点に決めて相手の拳を動かした方が楽に動くのがわかると思います。

手のひらを合わせてでも同じです。この場合も手のひら全体の面ではなく任意の一点で捉えると相手の「先」が動かしやすくなります。「先」を捉えることができれば「ワックスかける」動作で相手を崩すことも可能です（次ページ写真参照）。

先の延長

「先」というのは、腕の先端だけにあるものではありません。

「先」を面ではなく点で捉える

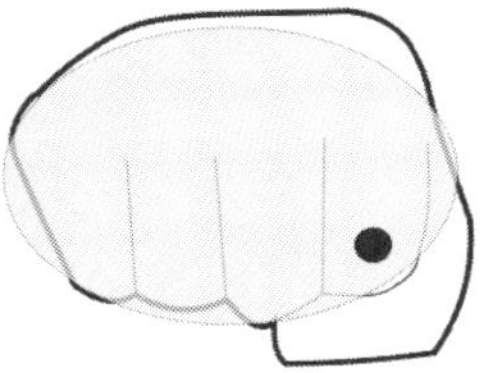

相手の「先」を動かそうとする場合、なるべく「先」を小さく捉えることが大切である。面ではなく点で捉える。

①手のひらを合わせている状態から、②手のひらの一点を捉えて、相手の「先」を動かすと、③崩すことができる。

棒を持っていれば、棒の先端が「先」になる。そして、「先」は真っ直ぐなものだけではなく、曲がりくねっていても、その形状で一番端の部分が「先」になる。

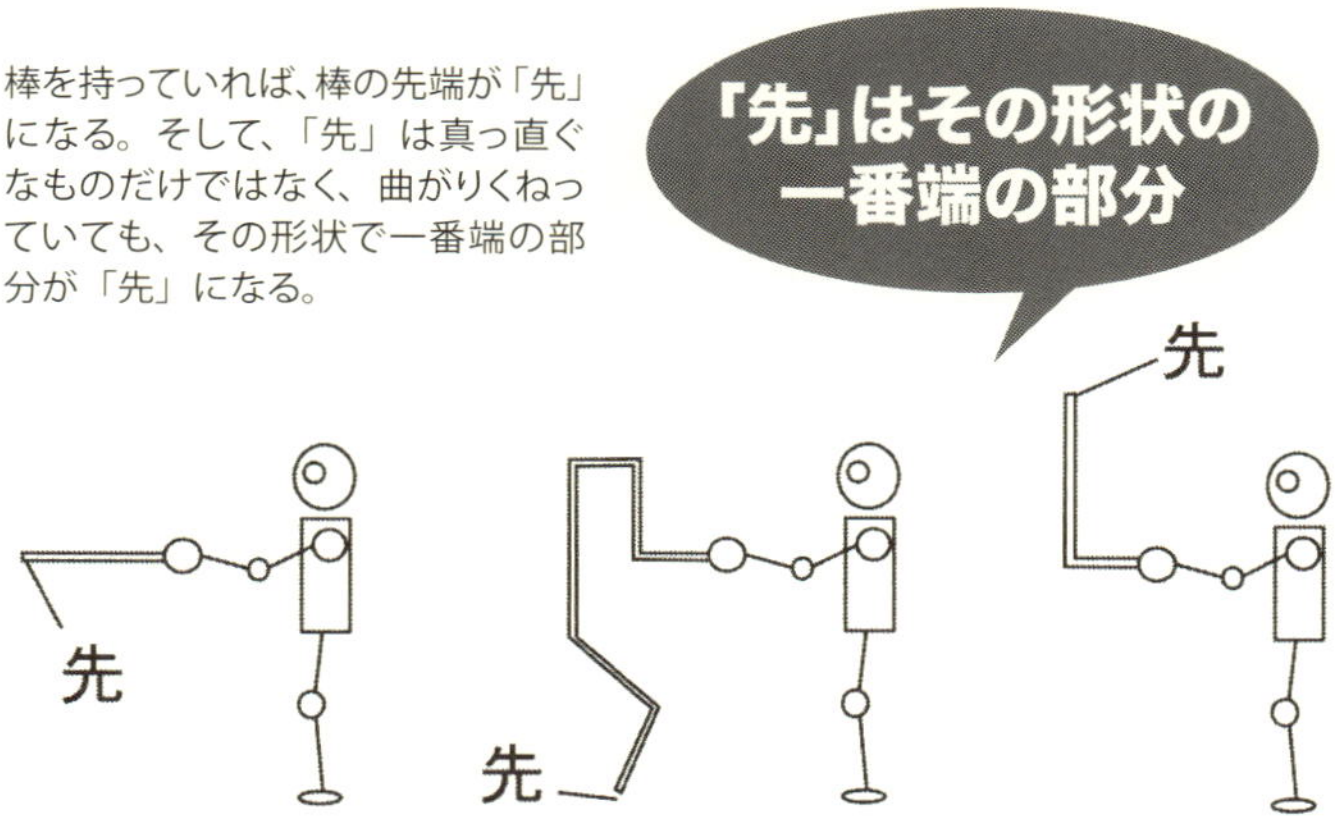

例えば相手に棒をもってもらいます。その棒の先端は相手にとって力の「先」になりますので、相手がその棒の先を動かすのは簡単ですし、こちらが棒の先端をいくら止めようとしても無理だと思います。その棒が途中で曲がっていたら、その曲がった先端も「先」です。つまり「先」というのは直線上ではなくても、形状の中で一番端の部分であれば「先」になるのです。

例えば手をつかまれた場合、自分の腕を棒と同じようにイメージすれば、自分の肩も相手にとっては「先」になります。もちろんそれは肩だけにとどまらず、胸も腰も、反対側の腕も足も全部相手にとっては「先」です。

これは力の「内」と「外」と言い換えるとわかりやすいかもしれません。自分の力の影響を及ぼせない部分はすべての力の「外」であり、相手の腕をつかんだ時も相手の身体のほとんどの部分が力の「外」になり下の二つのイラストのうち、左側のグレーの部分を押して崩そうとしても力がぶつかってしまい、うまくいかない。右側のグレーの部分を動かす意識で動くと崩しやすい。

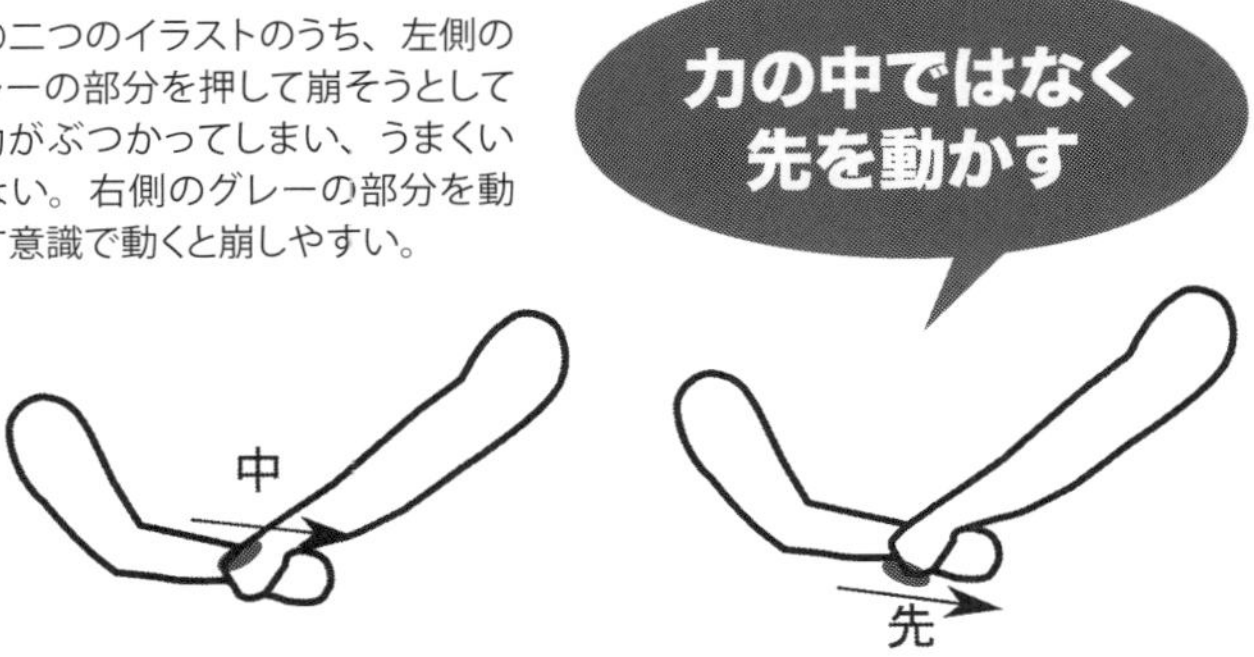

ます。だから相手の右腕をつかんでも相手の左腕の動きを止めることはできませんし、相手の足の動きを止めることもできません。当たり前と言えば当たり前です。

自分の力の影響を出せるというのは力の「内」の部分だけです。だから相手につかまれた時に相手の力とぶつかる部分は、この「内」だけなんです。そう考えたら相手に腕をつかまれても、「捕まった」「動けない」なんて感じる必要はないんです。なにしろ動かせない部分よりも動かせる部分の方が圧倒的に多いのですから。

そう考えれば相手との力のぶつかるところを避け、単純に動くところから動かせば身体なんてどうにでも動かすことはできます。しかし人間というのは不思議なもので身体をつかまれるとその部分を動かしたくなってしまいます。身体を動かす時には「動かない」ところよりも、「動く」ところを常に意識できるようにするのはとても大事です。

相手の「先」を動かす

①腕を両手でつかまれた状態で、②相手がつかんでいる内側（グレーの部分）を押しても、力がぶつかってしまい止められる。③相手の「先」（グレーの部分）を動かす意識で押すと、④相手は簡単に崩れる。

腕の位置が変わっても、原理は同じ。相手の「先」（グレーの部分）を動かすようにすると、相手を簡単に崩すことができる。

先で崩す

正面から片手を両手で握ってもらいます。この状態で相手に向かって崩そうとしても、力でぶつかると止められてしまいます。そこで相手の「先」を動かします。イラスト（142ページ「力の中ではなく先を動かす」）にもある「先」の部分を意識して動かせば相手は簡単に崩れます。

今度は顔の前で手を握ってもらいます。この場合も左右に腕を振って相手を崩そうとしてもなかなか簡単にはいきません。そこで相手の「先」の部分を動かしてみると相手は簡単に崩れます。

どちらの方法もつかまれている腕は、どうしても力んで相手の力の中に入りやすいので、反対側の手で相手の「先」の部分を触れ、その手で動かしてあげるとわかりやすいです。

手応えと衝突

相手の「先」を動かせるようになると技がとても楽になるのですが、人間というのは「ぶつからない力」というのがどうも落ち着かない。なぜなら手応えがないからです。しかし柔術の技というのは本当は手応えがないものです。

例えば10の力（エネルギー）を相手に伝えようとした時に、10の力すべてが相手に伝わったとし

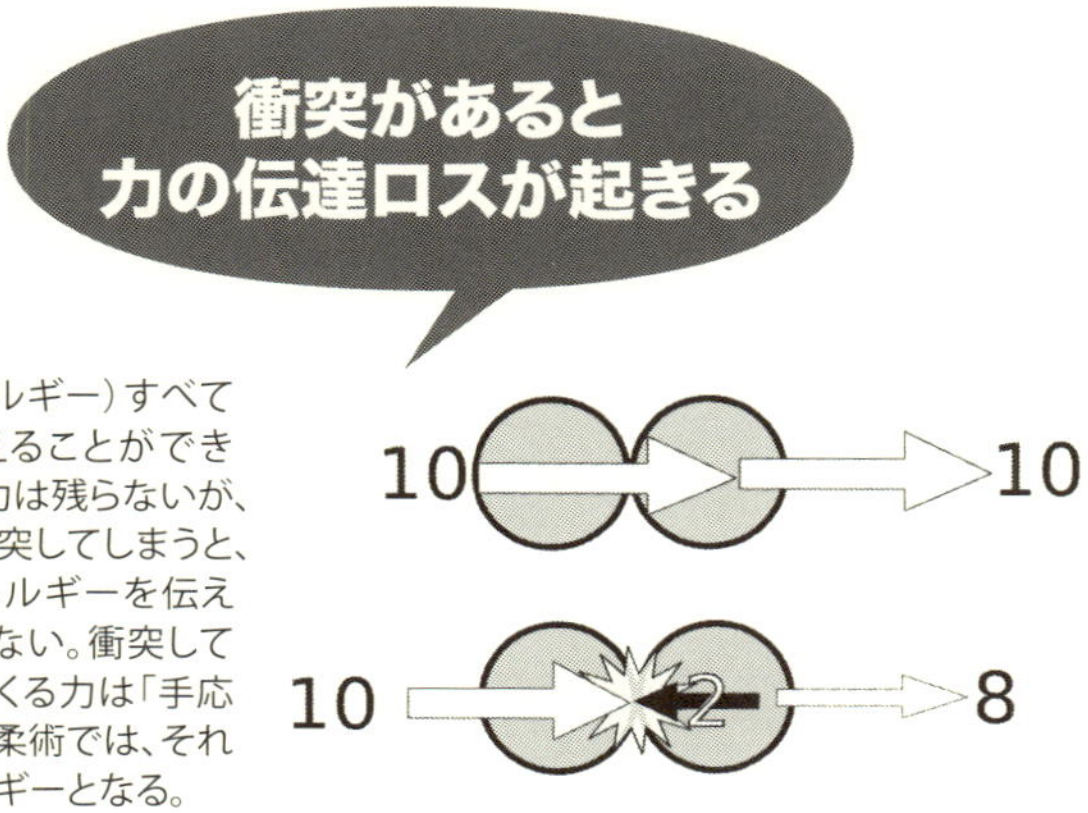
衝突があると
力の伝達ロスが起きる
10
10
10
2
8

10の力（エネルギー）すべてを相手に伝えることができれば、自分に力は残らないが、力が相手と衝突してしまうと、すべてのエネルギーを伝えることはできない。衝突して自分に返ってくる力は「手応え」になるが、柔術では、それはロスエネルギーとなる。

たら自分の手元には力は残りません。でも、もし相手と衝突して10の力のうち8しか伝わらなかったら、衝突した2の力が返ってきます。これがいわゆる「手応え」になります。

手応えというのは本来相手に伝わるべき力が反発して返ってきたロスエネルギーなんです。だから柔術においては手応えというのはゼロであることが望ましいのです。

例えばその場で軽く手を伸ばしてみてください。手応えはあったでしょうか？　ないですよね。

では、今度は誰かに手を出してもらい、その手に向かって手を伸ばしてみましょう。今度は手応えありましたよね。まあ、当たり前です（笑）。つまり手応えというのは単純に言えば力の衝突、ぶつかる力なんです。

手応えがあるほどに相手との力の衝突が沢山あるわ

けですから、技としては出来が良くないわけです。とはいえ相手との接触がある中で手応えのない動きをするというのは決して簡単なことではありませんし、全く力を使わないというわけにもいきません。

だからこそ相手の力の「先」を捉え、伝える力を少しでも無駄なく小さくしていかなければならないのです。

失敗の先に

手応えを求めてしまうというのは人間の性《さが》のようなものです。指導をしていて「そう！　今のいいよ」と言っても、そこに手応えがないと、言われた方は「？？？」となってしまう。手応えがないということは再現するための手かがりがないとも言えます。だからこそ同じことを繰り返すのが難しい。

人というのはどんなことにも手応えが欲しくなるし、それは当然の欲求とも言える。手応えがなければ何かをしたとは感じられないし、何もしてないという感覚を再現するのも難しい。しかし柔術においては「手応えのないという手応え」が必要なんです。

何の手応えもない道を進むのは怖いです。一歩進むごとに、その道が間違っているのか正しいの

「手応え」を求めてしまうのは、人間の性（さが）ではあるが、柔術や武道においては、暖簾のように「手応えのない手応え」が必要となる。

かの判断がつきかねます。稽古の時も手応えがないと、どこに動かしていいのかわからなくて動けなくなってしまう人もいます。

でも考え方を切り替えてみましょう。間違った道をすべて消去法でなくしていけば、残った道が正しい道となります。そう考えれば、手応えがあるというのを手がかりに、手応えがない方向を探ることは可能なのです。手応えのない感覚を身につけるのには、手応えのある方向に沢山進んでみること。要は技の失敗をしてみるということなんです。

かの発明王エジソンだって最初から実験や研究が成功したわけではあ

りません。何度も何度も試行錯誤を繰り返した上で、画期的な発明にたどり着いたのです。エジソンは失敗しても「うまくいかない方法がまたひとつ見つかったのだから成功に近づけた」と言ったとのこと。まさに「失敗は成功のもと」です。要はどんなに失敗してもそれを糧にしてしまえばいいのです。

「転ぶのが失敗ではない　立ち上がらないのが失敗なのだ」という言葉があるように、一回や二回、いや百回だって転んでいいんです。ただ転ぶのを恐れてしまっては歩くことすらできなくなります。そうなってしまっては「一寸先は闇」になってしまいます。

手応えのない「先」の感覚を見つけるには、とにかくやってみるしかないのです。そうやって進んだ先にこそ本当に良い感覚の技が待っているのです。「転ばぬ先の杖」ではなく、「転んだ先に技」なんです。

■

第10章

“分離と固定”「付かず離れず」

〜力に向かわず力から逃げず〜

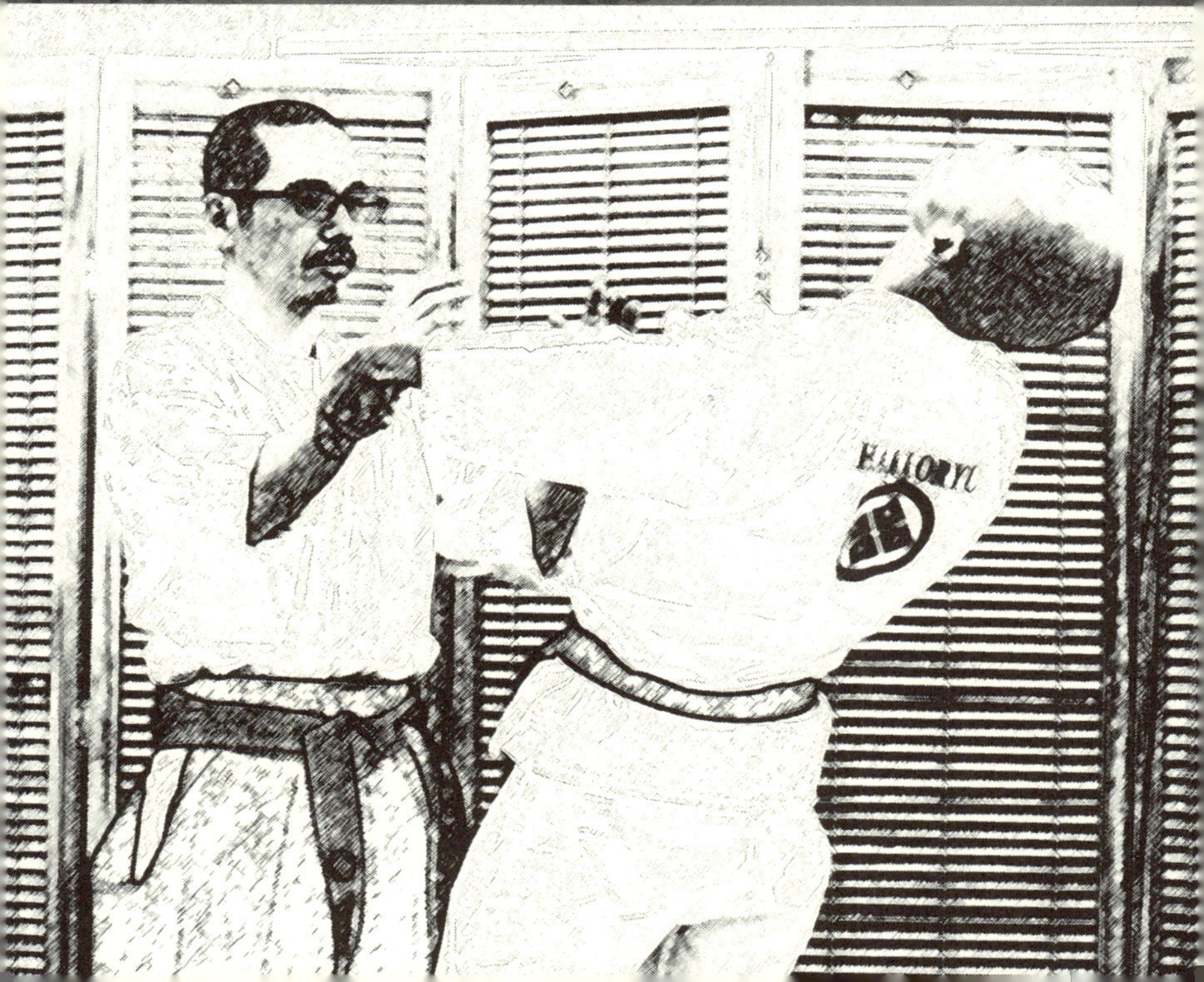

前章で、相手との力の衝突を避けるための力の「先」という話をしました。その時に力の「中」と「外」という話もしましたが、本章ではそれをさらに掘り下げて説明していきます。

　キーワードは「分離」と「固定」です。力の分離とは相手の力の影響の範囲から離れて身体を動かすということ。前述のように相手につかまれた部分は力の「中」になります。

　しかし、つかまれた部分以外の身体は「外」ですので、いくらでも動かすことができます。まずはそのことをしっかりと認識した上で、力の「中」と「外」を分離して動かす練習をしてみます。

　まず最初はつかまれている反対側の手を動かしてみます。当然、楽に動かすことができると思います。次は足を動かしてみます。当然楽に

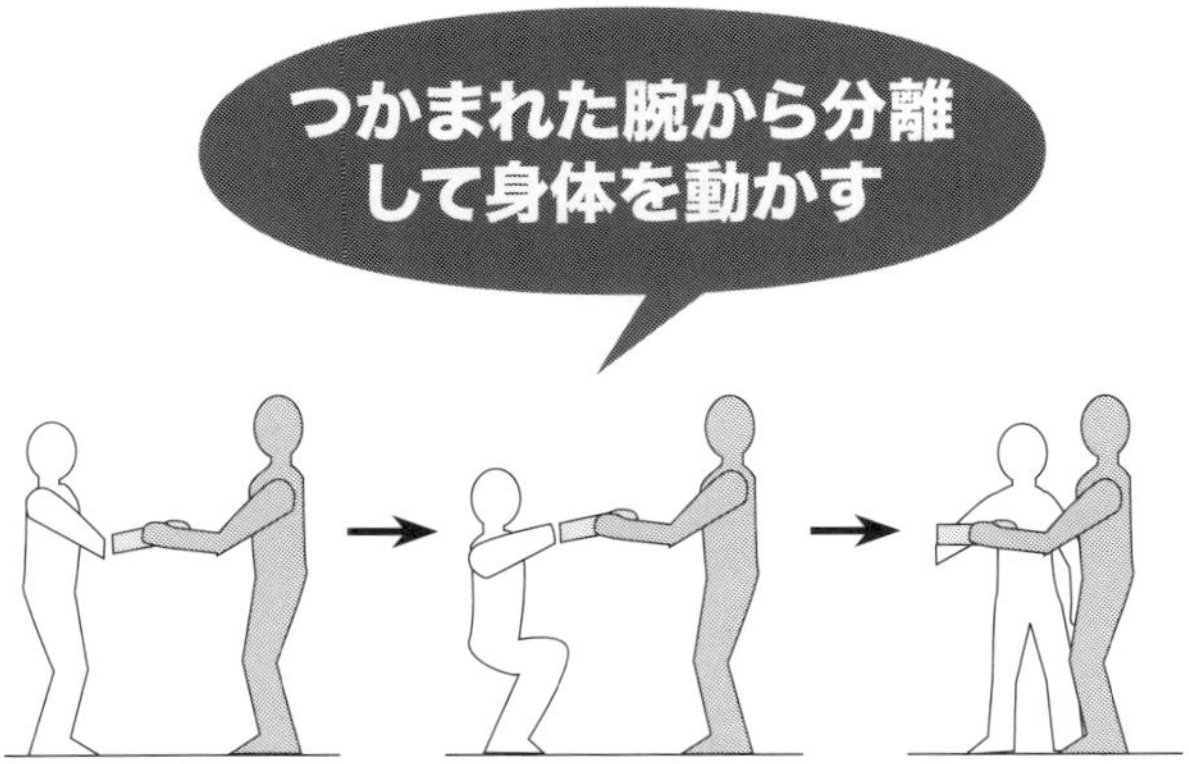

腕をつかまれたとしても、身体の他の部分は自由に動かすことができる。故に、つかまれた部分を固定して残したまま、他の身体部分をそこから分離させることができれば、身体を動かすことは可能である。

動きます。同様に身体の色々な部分を自由に動かして、その動きや力が相手の「中」に影響がなければ、力の分離がうまくできている証拠です。

イメージとしてはパントマイムの空間固定のように、つかまれた部分を残したまま身体を動かすような感じです。この分離がしっかりとできていれば、もし相手がどんなに強い力でも、複数の人につかまれても、身体を自由に動かせるという気持ちの余裕が生まれます。

力の固定

力の分離で身体を自由に動かすことはできても、この状態は言葉通り相手と分離しているので自分自身の動きが相手に影響を及ぼすこともありません。相手に技をかけるのであれば、なんらかの方法で相手とつながりを作らなければなりません。

例えば、相手がヒモをつかんだ状態でそのヒモがたるんだ状態は力が分離した状態になります。この状態では相手の力の影響を受けませんし、こちらの動きも相手に伝わりませんが、このヒモをピンと張った状態で引っ張れば相手は動きます。

とはいえ単純にヒモを引っ張れば良いのかといえば、そう簡単にはいきません。例えばヒモをたるんだ状態から急に引っ張ると、ピンと張った瞬間に相手はその力に反応して抵抗します。次に、最初にヒモ

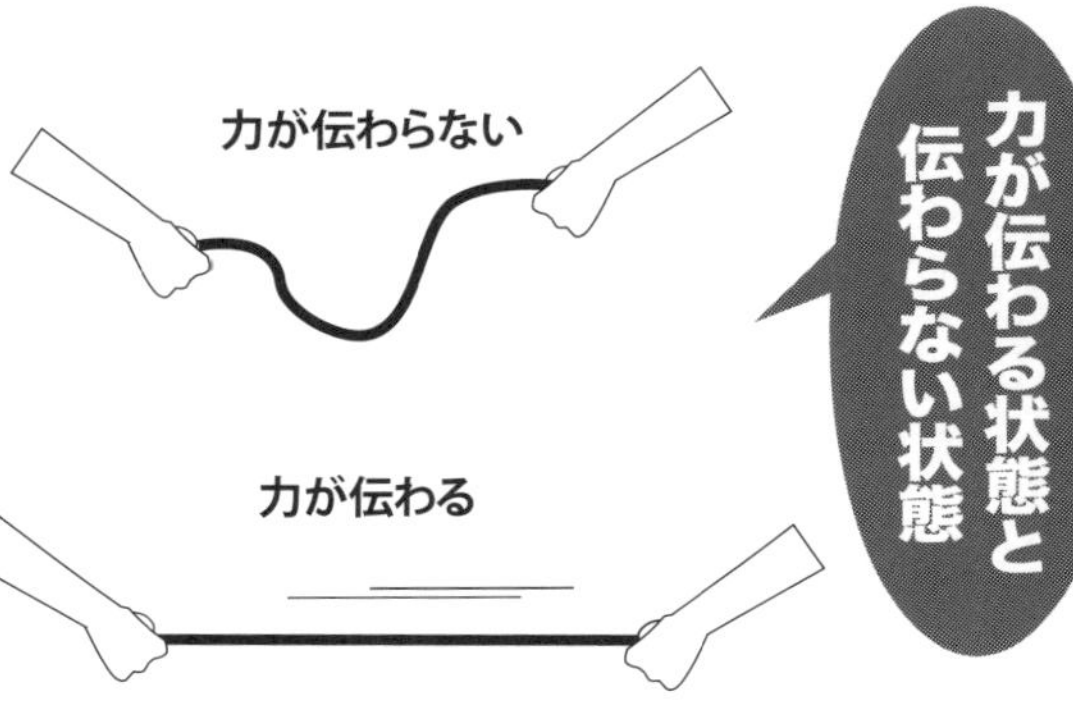

ヒモの両端を二人が持っている時、ヒモがたるんだ状態で引っ張っても、ヒモがピンと張った瞬間に、相手はその力に反応し、対応することができる。最初からピンと張っている状態のヒモを引っ張ると、相手は反応できずに動かされてしまう。

をピンと張った状態にしてから身体でヒモを引っ張ると相手は反応できずに動きます。

ヒモを引っ張るという力自体はどちらも使っているのに相手の反応に違いが生まれるのはなぜでしょうか。ヒモがたるんだ状態から急に引っ張ると相手はその力の方向を感じ取り、それに反応しますが、最初からヒモをピンと張ってから同じ方向に引っ張られると力の方向を感じ取ることが難しくなります。つまり相手が反応しているのは力そのものではなく手の中のズレ、すなわち「変化」なのです。

この変化しない状態をつくるのが「固定」です。固定というと緊張のイメージがあるかもしれませんが、重要なのは相手との接触面の状態を維持して変化させないようにするということです。

別の実験をしてみましょう。手をつかまれた状態でそのまましゃがんでみましょう。この時に力の分離ができていれば、しゃがむことはできます（下掲写真①～②）が、自分の腕は残されたままで相手は動きません。しかし、つかまれた手も一緒にしゃがもうとすると、相手の力にぶつかって動くことができません（下掲写真③）。

　これは先ほども言ったように相手が力の変化を感じることで反応しているわけですが、その変化というのはいったい何で感じ取っているのでしょう。視覚？　もしそうなら相手に目をつぶって同じことをすれば、相手は反応できなく

つかまれた腕を分離して身体を動かす

①腕をつかまれた状態でも、つかまれたところ以外の部分は自由に動かすことができるので、②腕とそれ以外の部分を分離させれば、しゃがむことができる。この時、相手とは分離している状態なので、こちらの動きが相手に影響を及ぼすことはない。③また、つかまれた腕の部分を動かそうと力を入れた場合は、相手に押さえ込まれて、簡単に動かすことができない。

皮膚を固定させて動くと…

①腕をつかまれた状態で、皮膚を固定する。皮膚を固定させるには、ⓐつかまれた部分を、ⓑ相手とぴったりとくっつける意識で動かす。そうすることで、相手とつながった状態になり、②〜③こちらの動きを相手に伝えることができ、しゃがむことによって相手は崩される。

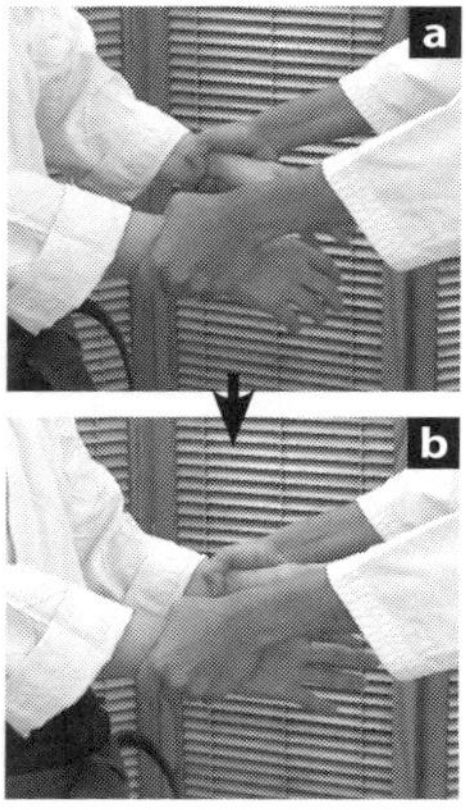

なるはずですが、実際のところ目をつぶった状態でも相手は力の変化を感じ取ることはできます。

そうすると必然的に相手が感じ取っているのは手の内であり、そのセンサーというのが皮膚なんです。つまり変化というのは皮膚によってばれてしまうのです。ですから相手に変化を感じ取られないようにするためには、皮膚を固定しなければなりません（右ページ写真①）。皮膚の固定というのは言い方を変えると皮膚の遊びをとる、ということです。

先ほどのヒモの例ですと、たるんだ状態が皮膚の遊びが残ってい

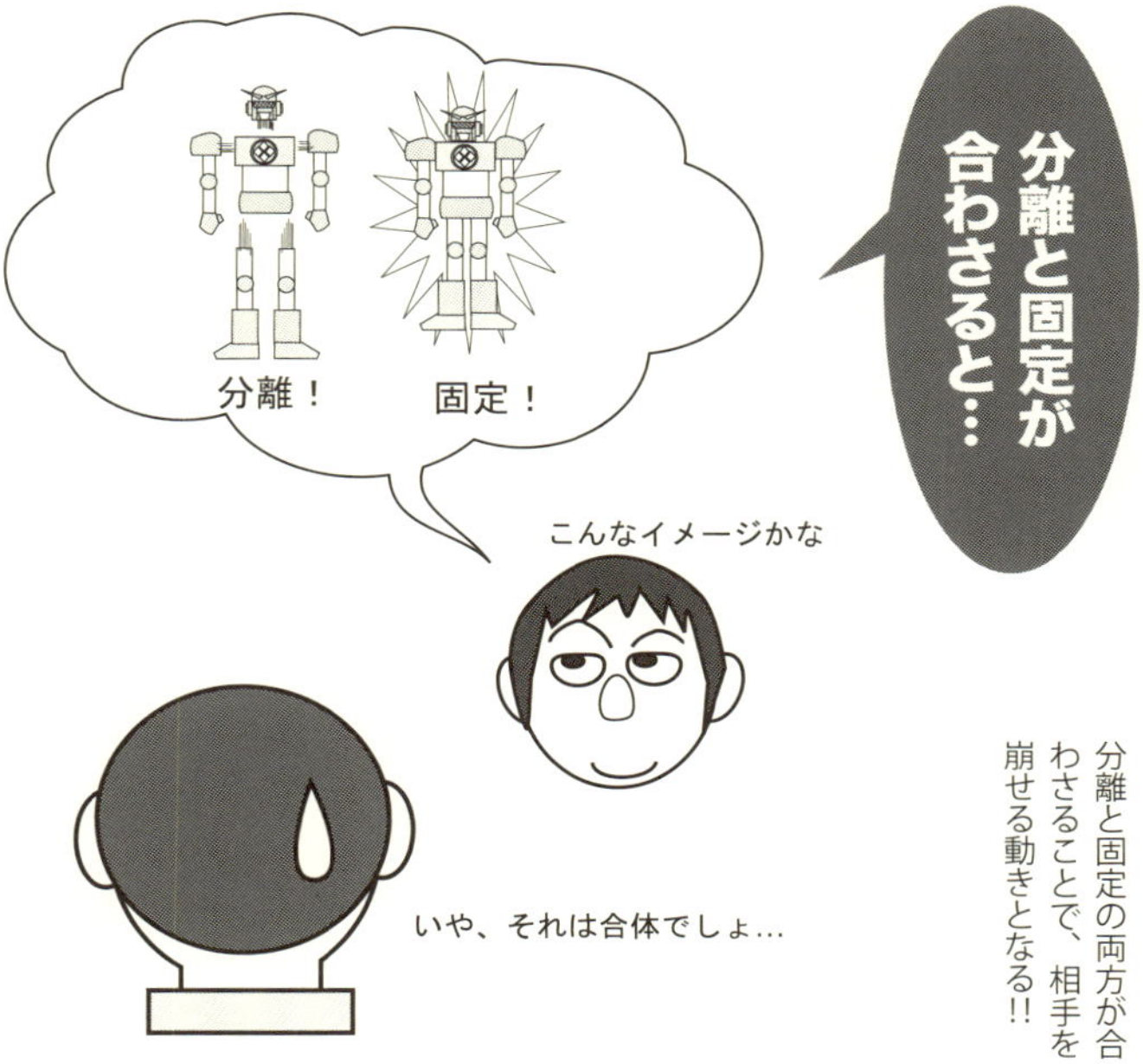
分離と固定が合わさると…
分離！
固定！
こんなイメージかな
いや、それは合体でしょ…

分離と固定の両方が合わさることで、相手を崩せる動きとなる!!

緩んでいるホースでも、勢いよく水を流すと、ピーンと張る。これと同じように、指先から水を勢いよく出し続けて腕が遠くまで伸びていくイメージを持つと、相手との接触面である皮膚の遊びがなくなる。

る状態で、引っ張った時に皮膚の遊びがとれた状態です。だから、いきなりヒモを引っ張られれば手の中の皮膚の変化に対応してしまいますが、ヒモをピンと張って皮膚の遊びをとっておくと変化を感じ取るのが難しくなるわけです。

皮膚の遊びをとる

皮膚の遊びをとるのに、いちいち相手の皮膚を引っ張るというのは最善の方法とは言えません。そもそも皮膚の遊びをとるための皮膚を引っ張るという動作そのものを、相手に反応されてしまう可能性もあるからです。皮膚の遊びをとる方法ももう少し巧妙に行う必要があります。

まず腕を伸ばした状態で相手に手首をつかんでもらいます。この状態から自分の腕をホースのよ

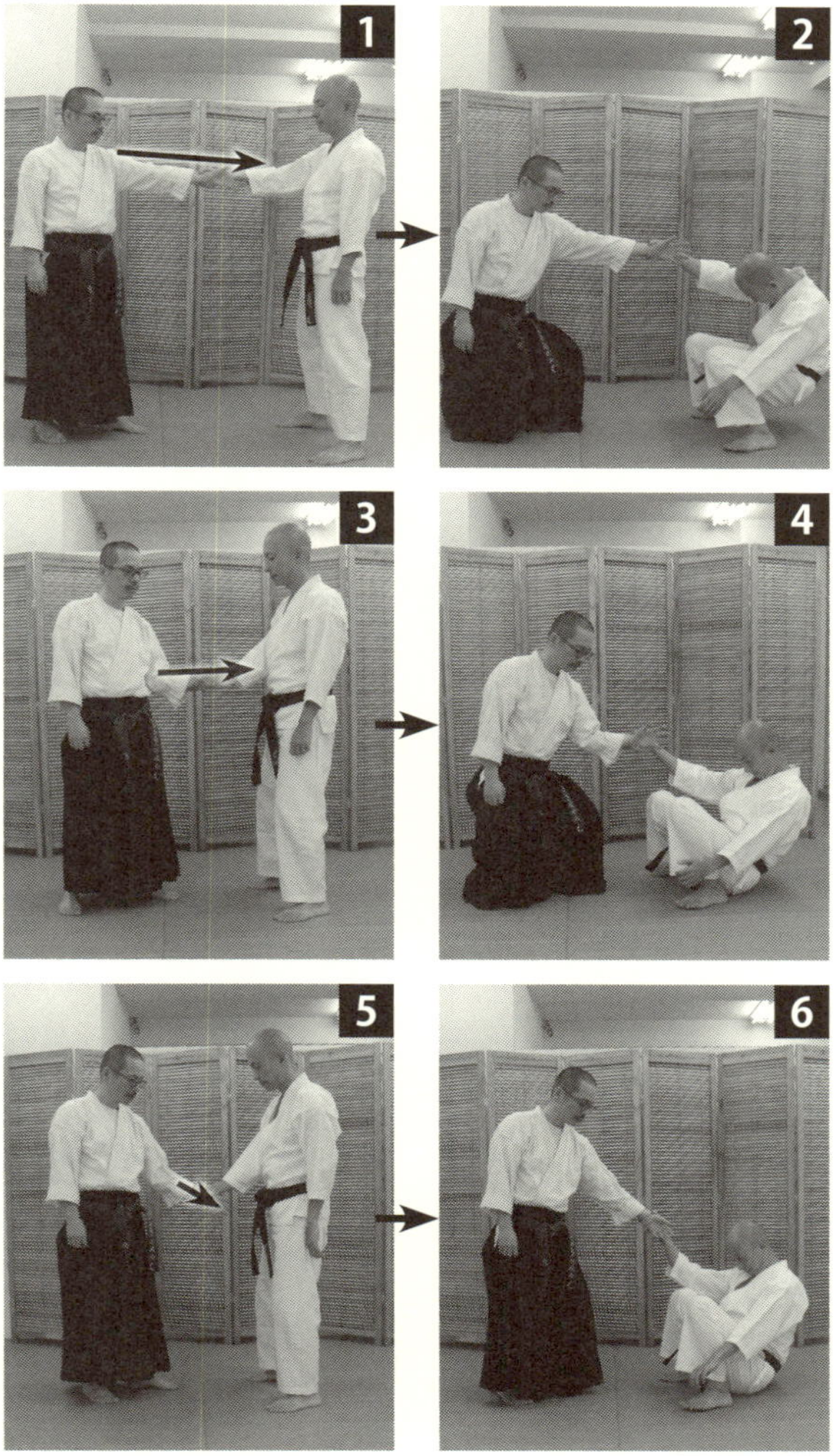

肩、肘、手首から水を流す意識で

①〜②肩から勢いよく水が流れ出るイメージで腕を伸ばしてしゃがむと、相手は崩れる。技が熟練してくると、③〜④肘から水が流れ出る意識で行っても、⑤〜⑥手首から水が流れ出る意識で行っても、相手を崩せる。

うにイメージして肩から指先に向けて勢いよく水を流します。流れる水の勢いでホースがピーンと張った状態をイメージしてください。そうやって指先から水を出し続けて自分の腕が遠くまで伸びていくようなイメージをしたまま両膝を曲げてしゃがみます。すると相手は簡単に崩れます（前ページ写真①〜②）。これは腕から水を流すイメージによって手先に張りが生まれ、相手との接触面である皮膚の遊びがなくなるからです。

では次に肘を曲げて前ならえの状態でやってみましょう。やり方は同じですが今度は肘から水を流します。しっかりと指先から勢いよく水を出し続け皮膚の遊びがなくなっていれば相手は簡単に崩れます（前ページ写真③〜④）。さらに慣れてきたら手の掌だけで水を流して皮膚の遊びを取ります（前ページ写真⑤〜⑥）。

この一連の手の形が八光流でいう「八光の手」です。指を八光に開くことで力を「入れる」のではなく、「伸びる」感覚にすることで手の形をぴたっと相手の手の中で固定して接触面の皮膚が動かなくなるのです。

八光捕の分離と固定

ではここまでの動きを使って八光捕という技で稽古してみます。八光捕というのは手をつかまれた状態から手を外す技ですが、重要なのは外して「取る」ことではなく「捕る」ということ。これは八光流の技全体にいえることですが、八光捕、捥押捕、打込捕などの「捕」の言葉は、その言葉の通り相手を「捕る（捕らえる）」という意味になります。

ですので八光捕においても手を「取る」のではなく、「捕る」感覚が必要です。相手の身体を「捕る」ことができれば手を外すことは簡単です。つまり八光捕は手を取るための動きではなく、相手を捕らえることができれば、いつでも手を「取る」ことが可能になるということになります。

八光捕というのは全ての技の起点となる技であり、八光捕から色々な技に変化していきます。入門して一番最初に習うのが八光捕ですが、長年稽古しても一番難しいのが八光捕。そういう意味では入門したばかりの者と何年も稽古した者では八光捕は本質的に違うレベルで使いこなしていると言えます。

さて、ちょいと脱線してしまいました。相手を「捕る」ためにはどうすれば良いのか。まずは手をつかまれた状態で分離をします。そうすればつかまれた手首以外は自由に動かせるはずです。

しかしこのままでは相手に何の作用も伝えられないので、次に固定を行います。この固定は開手、つまり手を八光に開くことで相手との皮膚の遊びがとれ、接触面が固定されます。この状態までできると、そのままつかまれた手を上げたくなりますが、ちょっと待ってください。

先ほども説明した通り、相手が反応するのは「変化」です。いくら八光の手で皮膚の遊びをとっても、急にその皮膚に違う方向の動きを与えてしまうと相手はすぐに反応してしまいます。そこで

八光捕の要点

①つかまれた手を八光の手にして、相手との接触面をぴたっと固定した上で、②腕を持ち上げると、相手は崩される。この時の注意点としては、腕全体はリラックスして、できるだけ力を抜くこと。それによって、分離と固定の両方がうまく組み合わされた状態になる。対して、③接触面を固定せずに、ただ力を抜いただけだと、肩だけを動かすことはできるが、つかまれた部分は残ってしまう。④また、腕全体に力を入れて動かそうとしても、相手の力と衝突して押さえ込まれてしまう。

八光の手でしっかり固定したまま、相手にとって力の外である両肩や肘を動かしてみましょう。分離と固定がしっかりとできていれば、それだけで相手の身体は重心ごと浮き上がってきます(右ページ写真①~②)。

固定がうまくできていないと、肩だけが上がって相手と分離したままになってしまうし(右ページ写真③)、固定に力が入りすぎると固定した部分が動いて力がぶつかってしまいます(右ページ写真④)。

そしてこの状態こそが八光捕の「捕」の状態なのです。手を取ることはもちろん、そのまま八光攻に変化したり引き投げのように投げてよし、手鏡のように関節技をかけてもよし。八光捕によって相手の重心をコントロールできるくらいに「捕る」ことさえできれば、あとの動きは非常に簡単です。

とはいえ、そう簡単にいかないのも八光捕。八光流において技の完成というのは、この八光捕を完成させることを意味していると言っても過言ではないかもしれません。技の名前に流派の名前が入っているというところから考えても、八光捕は型の中でも特別な技と言える存在です。

柔術マスター

本章では力の分離と固定について説明しました。繰り返し言っているように技をかける時に全く力を使わないということはありえません。ただし無駄に力を使えば疲れるし、相手の力とぶつかれ

鍵頭と鍵山
二つそろって鍵は開く

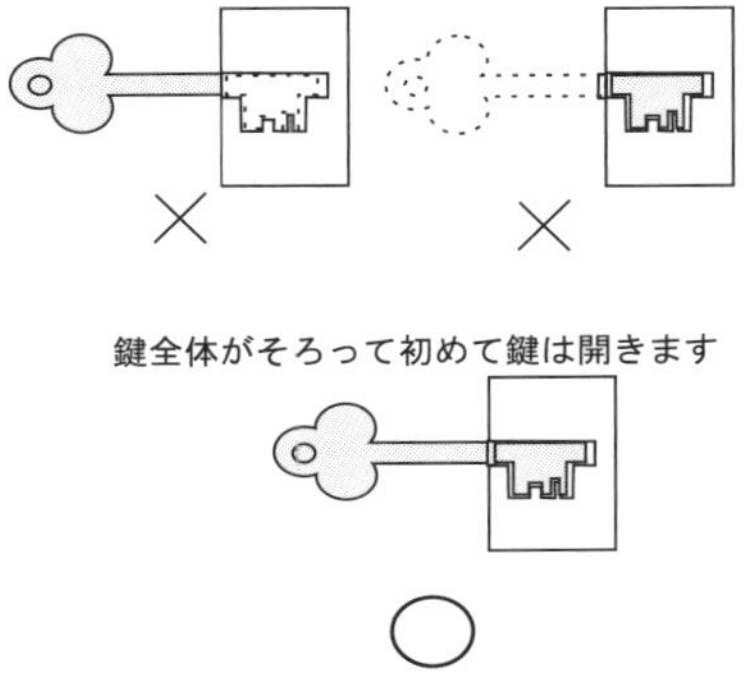

鍵頭と鍵山の二つがそろって初めて鍵は開く。同じように、分離だけでも、固定だけでも、相手の身体を崩すことは難しく、二つがそろうことで効力を発揮することができる。

ば止められてしまいます。そのためにも相手の力から「分離」する感覚と、相手との接触面を維持する「固定」の感覚は大事です。分離だけでは相手の力から逃げるだけになってしまいます。固定だけでは相手の力とぶつかってしまいます。そういう意味では、分離と固定というのは二つで一つであると、セットで考える必要があります。

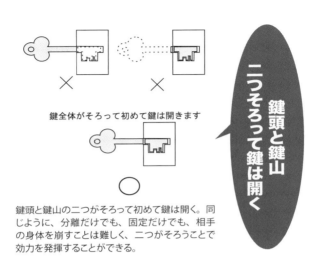

例えば鍵というのは鍵穴の中に鍵山をしっかりとさしこんで固定し、鍵頭を回して鍵を開けます。鍵頭だけでは鍵を開けることにできないし、鍵山だけでは鍵を回すことができません。鍵頭（分離）と鍵山（固定）が二つそろって初めてドアが開くのです。つまり分離＋固定というのは相手の身体に働きかける鍵《キー》となるのです。

技をかけるというのは、瞬時に相手の形状に合わせた合い鍵をつくるという作業のようなものです。そういう意味では初心者は持っている鍵が少なく、上達するにしたがって沢山のバリエーションの鍵を持てるようになります。そしてさらに上達すると、たった一つのなんでも開けることができるマスターキーを持つようになります。

マスターキーのマスターという言葉には「技芸や物事に熟達すること。習得すること」という意味があるというのはなかなか面白いつながりですよね。皆さんもぜひ分離と固定を身につけて柔術マスターになってください。

■

第11章

“皮膚”
「皮を引けば身がつく」
〜皮膚で相手を捕らえる〜

人間には皮膚がある。皮膚は身体の内部を保護し、外部からの刺激から身を守る大事な臓器です。そして皮膚には外部からの情報をキャッチするという感覚器官としての役割もあります。

柔術というのは接触（コンタクト）武道です。と言っても、ほとんどの武道が接触武道なので、わざわざ言う必要はないのかもしれないが、柔術における皮膚接触というのは他の武道と比べてもかなり特別重要な位置づけになります。

皮膚を制するものは柔術を制する。柔術においては相手を崩すも投げるも皮膚の扱い次第と言っても過言ではありません。古来より「羽のごとく皮膚を経て、歩をすすめよ」という「はひふへほ（羽皮膚経歩）」の柔術口伝なんてものがあるくらいですから（嘘）。

冗談はさておいて。というわけで、本章では皮膚について説明していきたいと思います。

皮膚は一枚

さて、いきなりですが、皮膚と骨、筋肉の違いは何でしょう。どうにでも分類できるのでしょうけど、ここで言いたいことは、ひとつか複数かという点。皮膚というのは身体全身を覆う一枚の皮です。対して筋肉や骨というのは何百というパーツに分かれる複数の器官です。この違いが何を意味するのか。

例えば腕の皮膚を少しずらすと、すぐ隣の皮膚も引っ張られてずれます。するとさらにその隣の皮膚も引っ張られてずれる。というように、一部の皮膚を動かすと、実は結果的に全身の皮膚を動かすことになるのです。

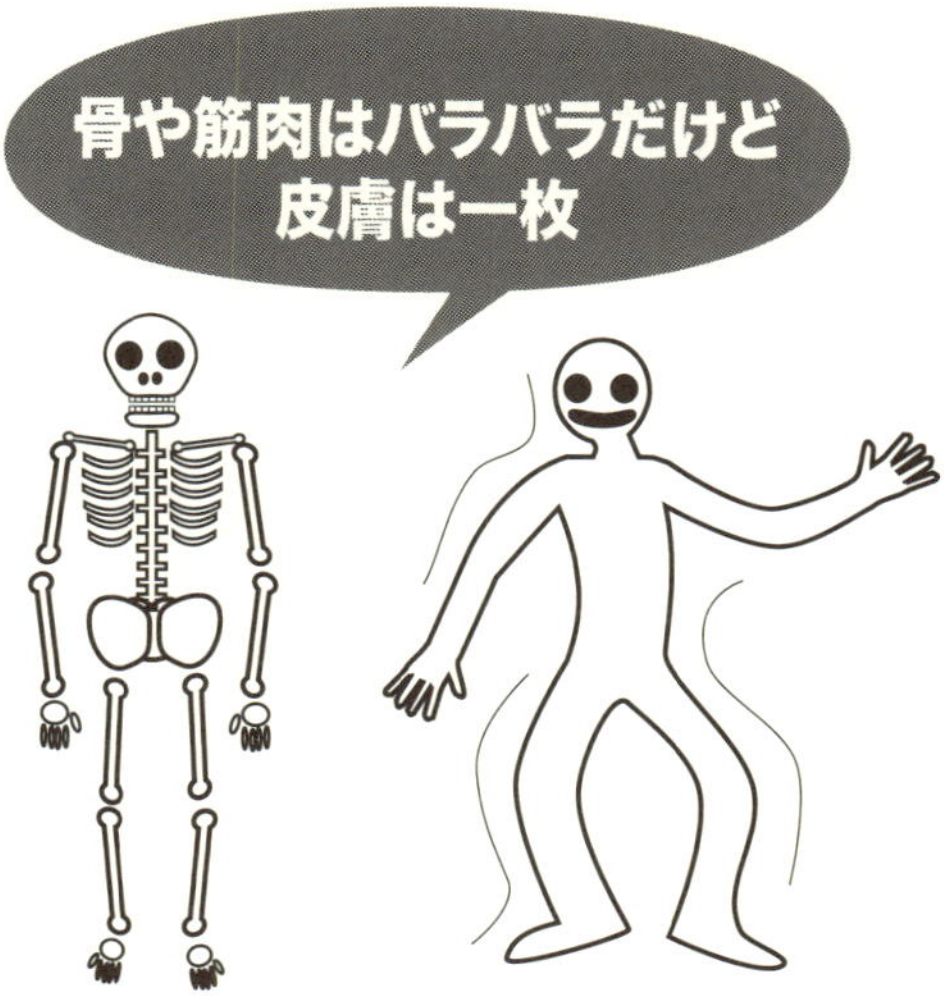
骨や筋肉はバラバラだけど
皮膚は一枚

皮膚は一枚の皮であり、ひとつにつながっている。それに対して、骨や筋肉は幾つもの部分から構成されている。

皮膚は
連鎖的に動く

腕の皮膚を引っ張れば、引っ張った部分の隣の皮膚もずれ、さらにその隣の皮膚もずれることになる。最終的には全身の皮膚が動くことになる。

だから骨や筋肉に対して技をかけようとすると力の伝達は分断されやすいが、皮膚の場合は身体のどこからでも全身に力を伝えることができるのです。

例えば相手の手をつかんで引っ張ってみます。この時に相手の骨や筋肉を引っ張ろうとすると力は途切れやすいが、相手の皮膚だけをずらすように引っ張ってみる（左掲写真①〜③）。そうすると相手は手首（の皮膚）を引っ張られているだけなのに、身体全体が引っ張られるように崩れます。

ここで大事なのは解剖学や物理的な理解ではなくイメージ。皮膚が相手の身体全体を包んでい

皮膚をずらすように引っ張る

つかんだ腕そのものを引っ張る意識ではなく、つかんだ手首部分の皮膚だけをずらすように引っ張る。すると、皮膚は全身を覆う一枚の膜なので、相手は全身が動かされることとなり、大きく崩される。

皮膚に触れる際、相手の全身に網をかけて捕らえるイメージで動かすと、崩しやすい。

るという感覚を持つことが非常に大事です。例えば、皮膚に触れる時は、手網漁の網のように相手の身体に網をバサーッと全身にかけて捕らえるようなイメージを持って皮膚を動かすとやりやすいです。

では、皮膚を使った崩しをやってみましょう。相手に腕を出してもらい、その腕をつかんで捻ります。ポイントは皮膚だけをずらすようにして捻ること。そうすると腕の皮膚のズレが身体全体に伝わり相手は崩れます（次ページ写真①〜③）。

骨や筋肉に力を加えて捻ろうとすると力の伝達が途切れてしまい、崩せたとしても相手の腕だけで止まってしまいます（次ページ写真④〜⑤）。あくまでも皮膚だけをずらしていく感覚が大事です。この時も

皮膚を使った崩し

①〜③１６８ページの「皮膚のずらし」と同様に、つかんだ腕の皮膚の部分だけを動かすように捻ると、相手は身体全体が動くこととなり、崩れる。
④〜⑤対して、腕そのものを、つまり腕の骨や筋肉を捻ろうとすると、相手の筋力とぶつかり、崩すことができない。

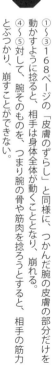

皮膚はどこを触っても同じ

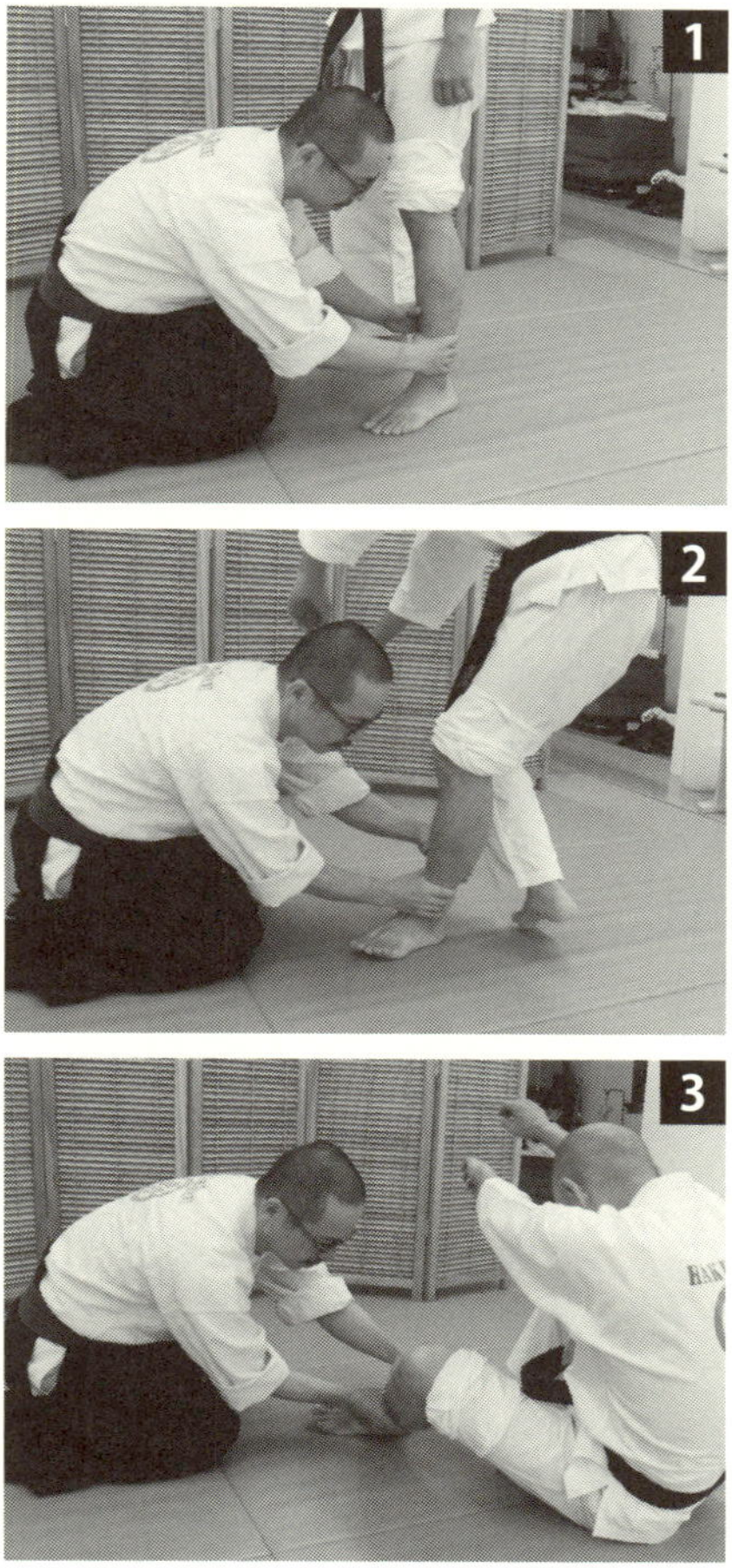

皮膚は一枚の大きな膜なので、どこの部分に触れても同じである。足の皮膚を動かすように捻っても、相手を崩すことができる。

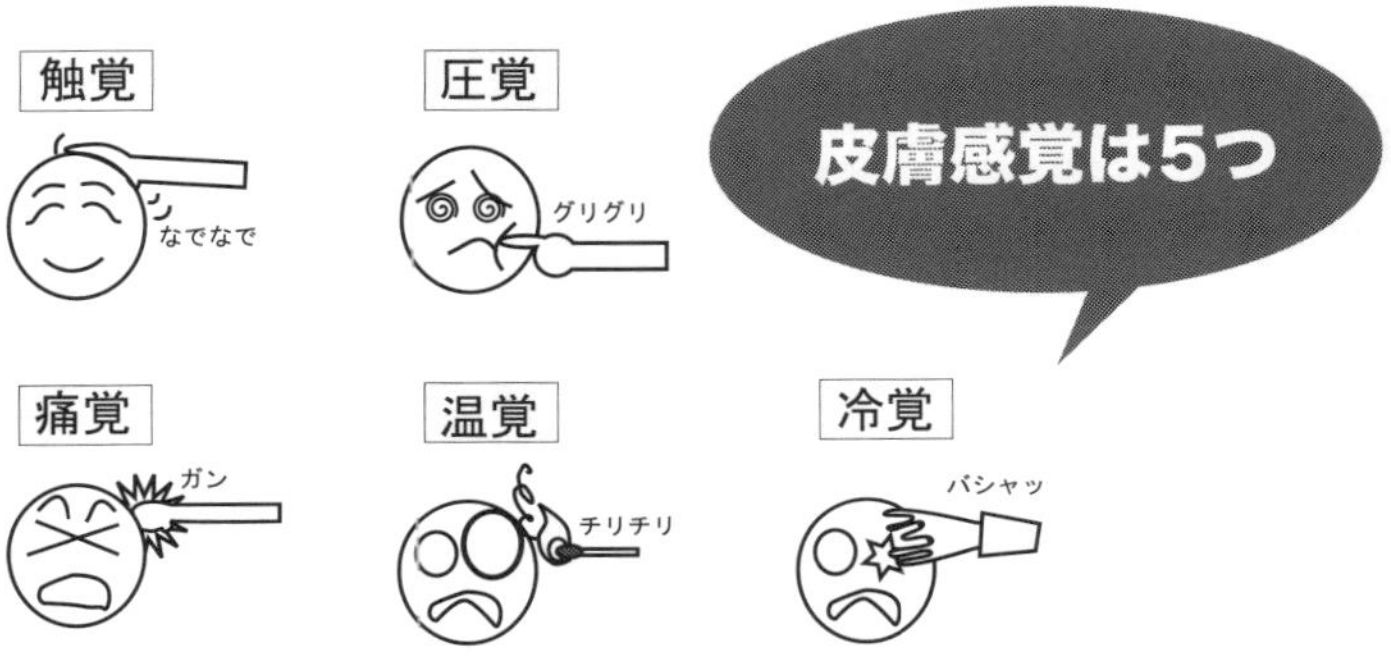

皮膚感覚には、上の5つがある。このうち、柔術で主に用いられるのが、触覚、圧覚、痛覚の3つ。この3つの感覚によって、人は相手の動きを感じ取って反応することができる。

先ほどの手網漁の網のように皮膚が全体を覆っている一枚のようなイメージを持ってやってみると良いでしょう。

センサーとしての皮膚

さて今度は皮膚感覚についても考えていきましょう。皮膚感覚には、触覚、圧覚、痛覚、温覚、冷覚の5つがあります。柔術で主に使う感覚は触覚と圧覚、そして痛覚の3つ。温覚、冷覚に関しても、ある程度影響はありますが、とりあえず今回は無視しておきましょう。

皮膚の触覚、圧覚、痛覚があるからこそ、人は外部からの刺激として相手の動きを感じ取って反応するのです。この皮膚感覚の精度というのは、身体のどこでも同じというわけではなく、手の掌というのは身体の中でも特に敏感な部位です。

つまり、こちらの動きを一番敏感に感じ取ってしまう場所に対して、こちらは動きを悟られないように皮膚感覚を騙して技をかける必要があるのです。これは何でもお見通しの敏腕刑事の取り調べに嘘を突き通すような困難さがあるのです。しかし、それをしなくては技がかからないのですから、どうにかするしかない。そこで皮膚感覚について、その特性をよく知る必要があります。

皮膚の順応

皮膚感覚には順応というものがあります。これはどういうことかと言うと、例えば洋服を着た時に、その洋服の感触というのは最初は感じると思うが、それはその時だけで着てしまった後は感じなくなる。眼鏡をかけたまま顔を洗おうとするなんてことは眼鏡人間なら一度はやったことがある経験だと思いますが、これが起きるのはこの皮膚感覚の順応のせいなんです。

要は皮膚感覚は「慣れる」のです。皮膚感覚というのは非常に敏感であるが故に、そのセンサーが過敏すぎて、いちいち反応していると日常生活を送るのもままならない。そうならないように皮膚は、ある程度の感覚に関しては慣れ（順応）させることで皮膚感覚を「無視」するのです。

ということは、技においては相手との接触面にこの皮膚の順応を起こせば相手はセンサーが働かずに、こちらの動きに反応ができず、故に崩すことができるということになります。

ただし痛覚というのは基本的に順応が起きづらい。例えば靴を履いている時に靴や靴下の感触というのはほとんど感じないと思いますが、靴の中に小石など入っていると、歩く度にそれが足裏にチクチクと当たって気になります。

このように痛覚は順応しづらいので、技においては主に触覚や圧覚を使って順応させます。しかし逆に言えば、相手の身体の反応を起こさせるのでしたら、痛覚を使うという考え方もあります。八光流の皇法指圧というのは、痛覚による身体の反応を利用した指圧であり、順応しづらい痛覚を利用するからこそ相手の身体は経絡に反応して指圧の効果が高くなるのです。柔術の技でも痛覚を利用する雅勲《がくん》という技もあるのですが、今回は痛覚技法に関しては脇にどけておきます。

皮膚を固定する

皮膚の順応を起こすには、皮膚感覚の触覚と圧覚に働きかけるのがポイントになるというのはわかりました。

ここまで読んで、これって「分離と固定」のことなんじゃない？と思った方は鋭い。そう、分離と固定の「固定」がこの皮膚の順応と同じ意味になるのです。要は相手との接触面を順応させるに皮膚を固定するのに一番有効なのが、圧覚に働きかける方法である。相手の掌に自分の手の甲をあてて、相手との隙間を埋める場合、自分の手の甲側が風船のように膨張して相手の皮膚に均等に圧力がかかっているようにイメージするとよい。

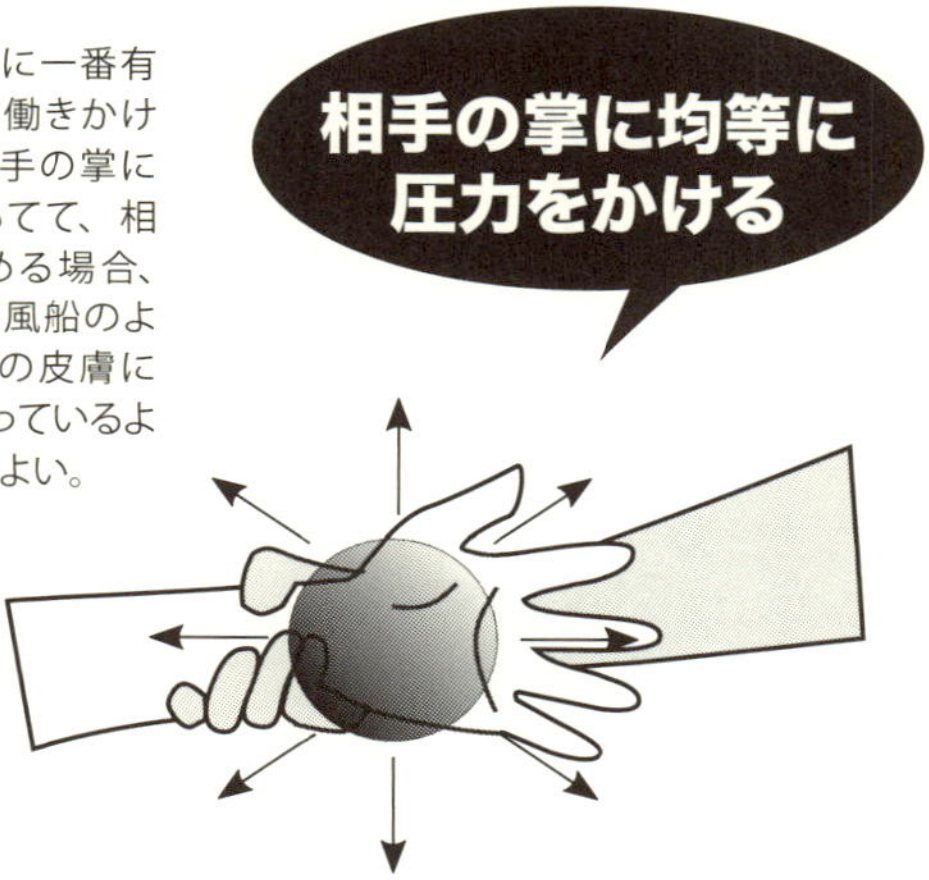

は、なるべく皮膚の「遊び」をなくして固定する必要があるのです。ではどうやって皮膚を固定するか。

皮膚の固定には二つ方法があります。一つは皮膚を「ずらす」ことで固定する。もう一つは皮膚に「圧」をかけることで固定する。皮膚のずらしによる固定は、先ほどの皮膚の崩しでもやったように皮膚をずらした方向と崩す方向が同じ場合は問題はない。しかし特定の方向に皮膚をずらして固定した場合は、逆にそれ以外の方向には動かせなくなってしまいます。

そこで皮膚を固定するための方法として一番有効な方法が圧覚に働きかけることです。つまり、皮膚に圧をかけて固定するのです。具体的には相手の掌の部分に自分の手の甲をあてて、相手との隙間を埋めます。その時に相手の皮膚に垂直に圧をかけて固定します。

皮膚を固定して崩す

①つかまれた手を「八光の手」にして、前ページの「相手の掌に均等に圧力をかける」のイラストのイメージを持って、相手の手との隙間を埋める。②つかまれた手の反対の手で、お互いの手をクリップのように挟んでやると、皮膚が固定する感覚をよりつかみやすい。③〜⑤その状態のまま、身体を落とすと、相手は動きの変化を感じることができずに崩される。

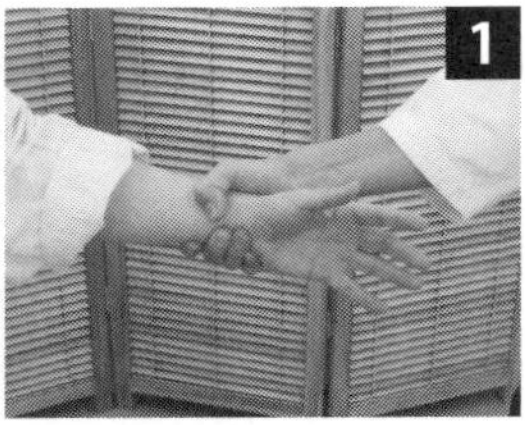

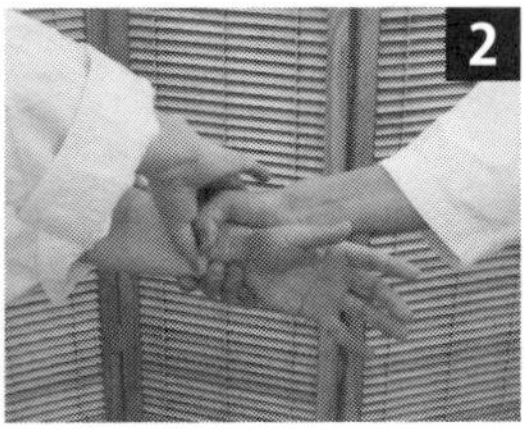

イメージとしては、自分の手の甲側が風船のように膨張して相手の皮膚に均等に圧力がかかっているようにします。形としては八光の手をした時に、このような形になれば良いです。あとはこの圧力が消えないように身体を動かせば、相手は動きの変化を感じることができずに崩れます。正直、この感覚を言葉で伝えるのは難しい。

圧力で皮膚を固定した感じがつかみづらい方は、反対の手で自分と相手の手をクリップのように挟んで固定し（右ページ写真②）、その状態のまま身体を動かしてみましょう（右ページ写真③〜⑤）。そうすると、クリップで相手と自分の手を固定した状態とそうじゃない状態では、相手の崩れ方の反応が違うのがわかると思います。

離れない手

相手がこちらの動きに反応するというのは、皮膚感覚がなんらかの刺激をキャッチするからです。この外部からの刺激というのは、別の言い方をすれば「異物感」です。自分の手の中で何か異物が動くから気になるのです。

しかし皮膚が順応してしまうと相手はその異物感が消え、皮膚感覚の順応、つまり一体化が起きます。洋服や眼鏡のように自分の身体に身につけたモノは、自分の身体の一部として皮膚は認識し

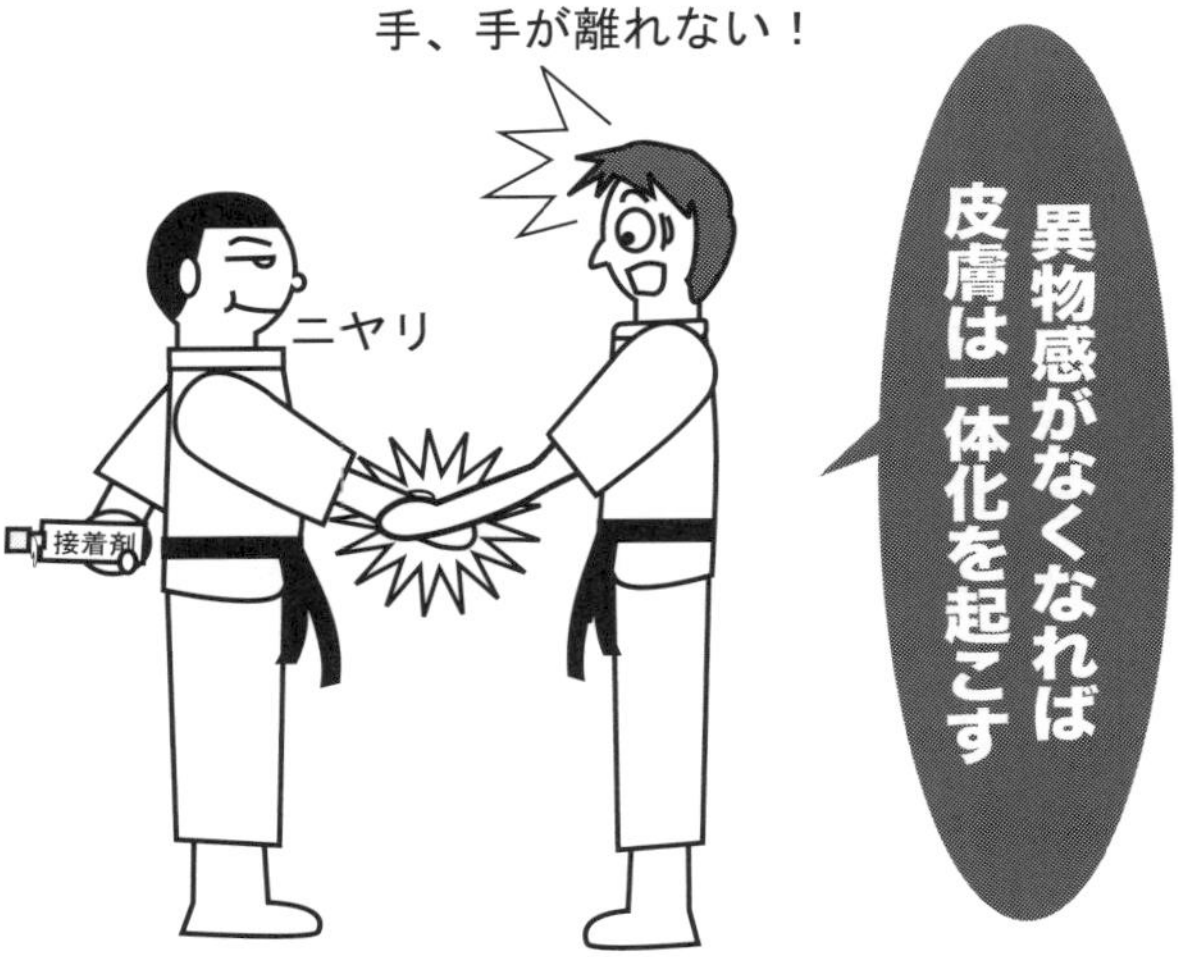

皮膚は順応してしまうと異物感が消え、触れている物との一体化が起こる。究極的には、触れている物から離れられなくなってしまう。

ます。この状態をこちらが意図的に作れるとしたら、相手はこちらの手に異物感を感じないのですから、抵抗しようとする気が起きなくなってきます。つまり、皮膚の順応を起こしてしまえば、極端な言い方をすれば相手は無意識のまま手が離れなくなるのです。

ある意味これは当然の結果です。腕時計をしている人が、自分の手を動かす度に腕時計が気になって外したくなっていたら大変です。自分の身体の一部として相手の手を認識してしまうのですから、手を離すという意識自体が生まれなくなるのです。柔術の技において相手の手がくっついて離れなくなるような状況がなぜ起こるのか、という点に関しては、この皮膚の順応（一体化）がキーとなるのです。

本章の一番最初に、柔術は接触武道であるという話をしました。これは自分と相手の皮膚の接触という意味になりますが、感覚の範囲を少し広げてみると皮膚は周りの空気とも接触しています。ということは、相手と直接皮膚同士が触れていなくても、空気という媒介を通じて相手とは触れているという考え方もできます。実際、相手の顔の前で手を振れば、相手には空気が当たる感触があるのですから、皮膚同士が触れていなくても相手になんらかの感覚を伝えることは十分に可能なわけです。

火のそばに手をかざせば触れなくても熱さは感じるし、人の気配を感じたりすることだってあります。視線が刺さるとか、痛い、なんて表現もするくらいですから、これもまた皮膚感覚の一種といっても良いかもしれません。実感はなくても紫外線や電磁波だって身体はキャッチしているわけです。人間の皮膚感覚というのは、我々が想像している以上に多くのモノをキャッチしているのかもしれません。だから触れずに相手を投げるなんて技も、何らかの感覚が皮膚に届いているかもしれないと思えば十分にありえる話だと思います。

そういえばこの前、私が気の利いた冗談を言ったら、門人が「寒いですね」と言うので、「おっ、ついに私は相手の皮膚の温冷覚までコントロールできるようになったのか（ニヤリ）」と返したら、

「先生は面の皮が厚いんですね」と言われた。
厳しい意見が肌身にしみる……。

■

「先生は面の皮が厚いんですね」という弟子の厳しい言葉が、肌に突き刺すように感じられる。やはり、柔術の師範は、これぐらい肌感覚が敏感でなければばならない……かも。

第12章

“呼吸”「息が通う身体」

～呼吸と脱力の関係～

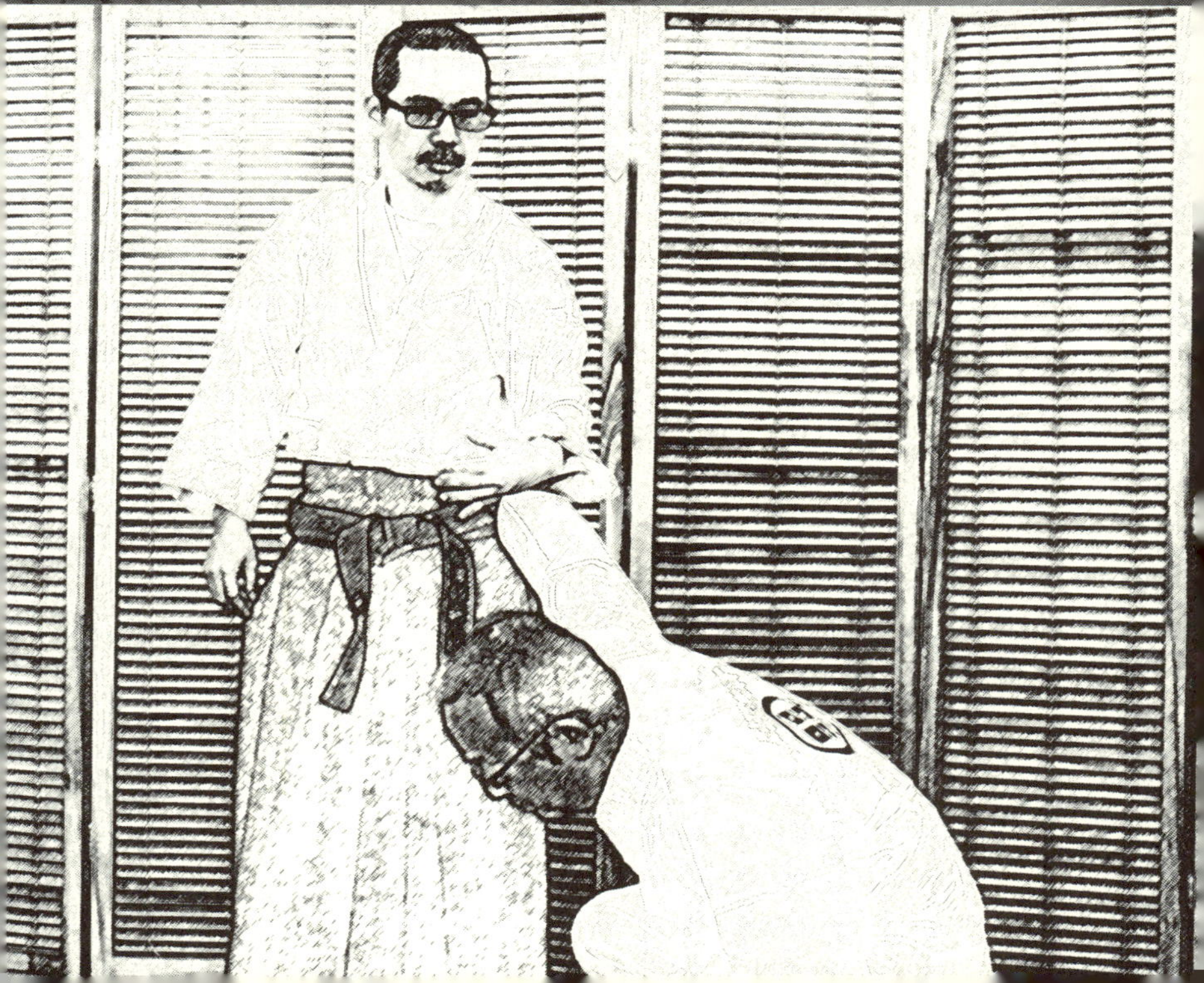

人間が生きていく上で欠かせない身体の働き。それは呼吸。人間は空気がなければ5分と生きていくことはできないのですから、当たり前といえば当たり前です。最近はマインドフルネスや瞑想などのブームで、呼吸に関して関心を持つ方も増えたと思います。

そして柔術においても呼吸というのはとても重要な役割があります。しかし呼吸というのは、いざ学ぼうとすると結構難しい。以前に「立つ、歩く」という話題のなかでも触れましたが、人はすでに一度身についた方法を変えるというのは非常に苦労します。

呼吸というのも、生まれた時から自然に行っている動作であるが故に、それを変えるというのはかなりの根気と努力が必要になります。だからこそ「呼吸を変えれば人生が変わる」とまで言う人もいるし、実際そのくらい呼吸というものは奥が深い。そんな呼吸についてなるべくわかりやすく説明してみたいと思います。

脱力呼吸

まず呼吸というのは、簡単に言えば、空気を肺に吸って入れて吐いて出すという繰り返しのことです。しかし、肺は自分自身で膨らんだり縮んだりすることはできません。そのため、空気を吸ったり吐いたりするのに呼吸筋といわれる筋肉が必要になります。

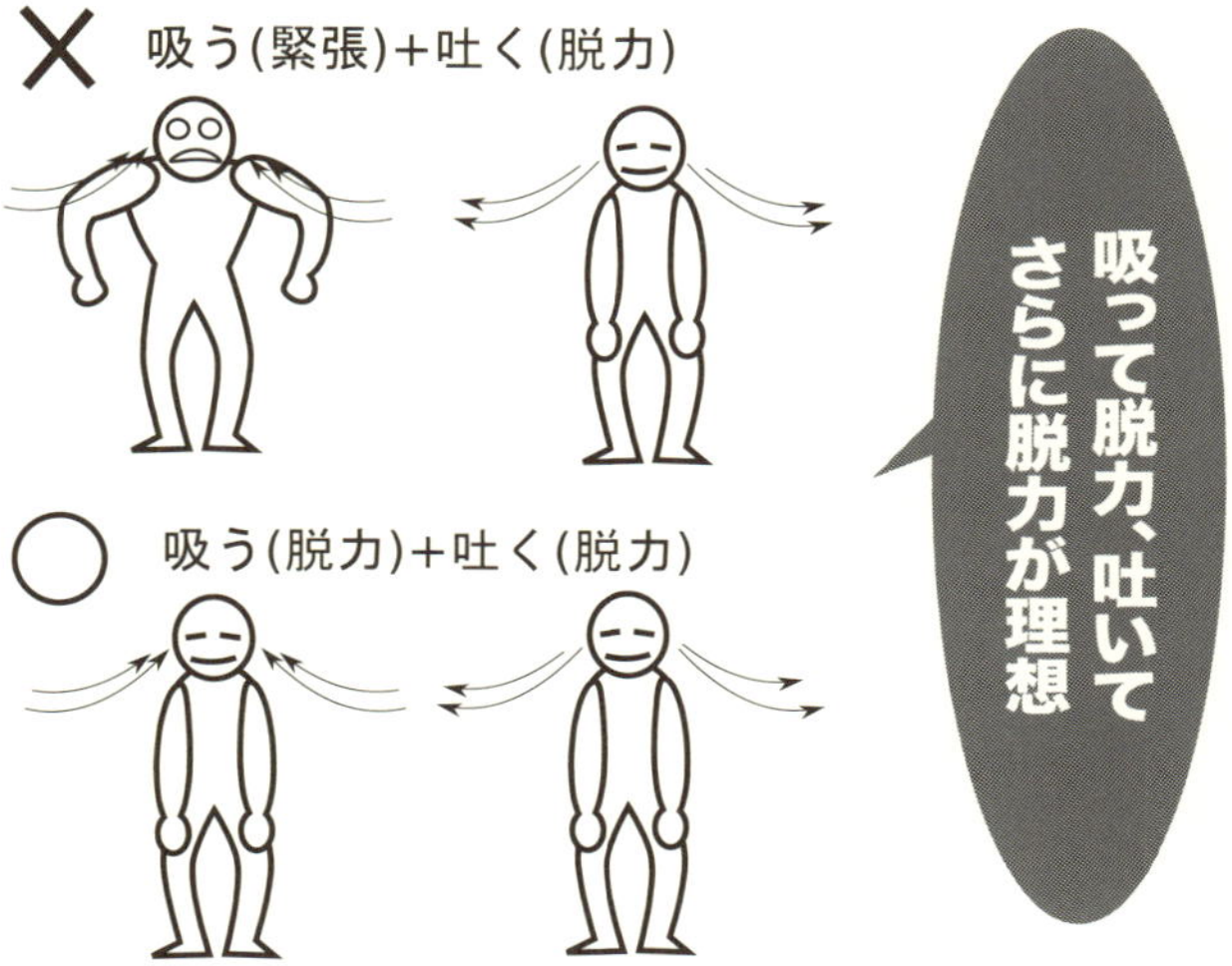

多くの人が「深呼吸をしよう」とすると、身体を大きく使って吸って吐くが、これだと「吸う＝緊張、吐く＝脱力」となってしまう。理想は、「吸って脱力、吐いてさらに脱力」である。

呼吸というのは自律神経系の働きであり、基本的に自律神経は自動運転です。だから、自分の意識で心臓や胃を動かしたり血管を収縮させたりなどのコントロールはできません。そんな中で呼吸だけが唯一意識的にコントロールすることができるのですが、これは呼吸筋という筋肉による運動があるからです。

呼吸＝筋肉の動きと考えれば柔術における身体の使い方と同じです。呼吸のポイントは「無駄な力を使わずに、なるべく力を抜いて行う」ということ。考えとしてはこれだけで良いのです。脱力という視点から呼吸を考えていけば、一見難しそうな呼吸もわかりやす

目指すは、はたから見たら呼吸しているのがわからないくらいに脱力した呼吸「シーン呼吸」である。

く理解することができます。

例えば「深呼吸してください」と言うと、身体を大きく使って吸って吐くということをすると思います。しかし、この呼吸の仕方だとほとんどの人が、吸う＝緊張、吐く＝脱力となってしまう。もちろん、呼吸筋を使うのだから、全く緊張しないわけではないですが、できれば無駄な緊張はしたくない。呼吸は吸っている時も吐いている時も、なるべく脱力した状態を維持したい。吸って脱力、吐いてさらに脱力、というのが理想です。

深い呼吸、浅い呼吸という言い方がありますが、呼吸で大事なのは量ではなく質です。呼吸を深くして入れる空気の量を多くしても身体が緊張していては意味がありません。あくまでも力を抜いた呼吸にすることが大事です。

脱力した呼吸ができれば、はたからは呼吸していることがわからなくなるくらい静かで見えない呼吸になります。目指すは深呼吸ではなく、「シ〜ン呼吸」です。

胸式呼吸と腹式呼吸
鼻呼吸と口呼吸

武道の世界では胸式呼吸よりも腹式呼吸が使われることが多いです。

胸式呼吸と腹式呼吸には、それぞれに使う呼吸筋が違います。胸式というのは主に肋間筋、胸鎖乳突筋、斜角筋などが使われます。対して腹式は横隔膜や腹直筋、腹斜筋などが使われます。胸式呼吸というのは、どうしても首・肩周りの筋肉を使う。対して腹式なら横隔膜や腹筋を中心として呼吸をするので、首・肩周りの緊張を起こさずに呼吸をすることができます。そう考えれば胸式呼吸よりも腹式呼吸の方が脱力しやすいです。

それに胸式呼吸では呼吸の動きが相手に見えやすいが、腹式では呼吸の動きが見えづらいので相手に動き

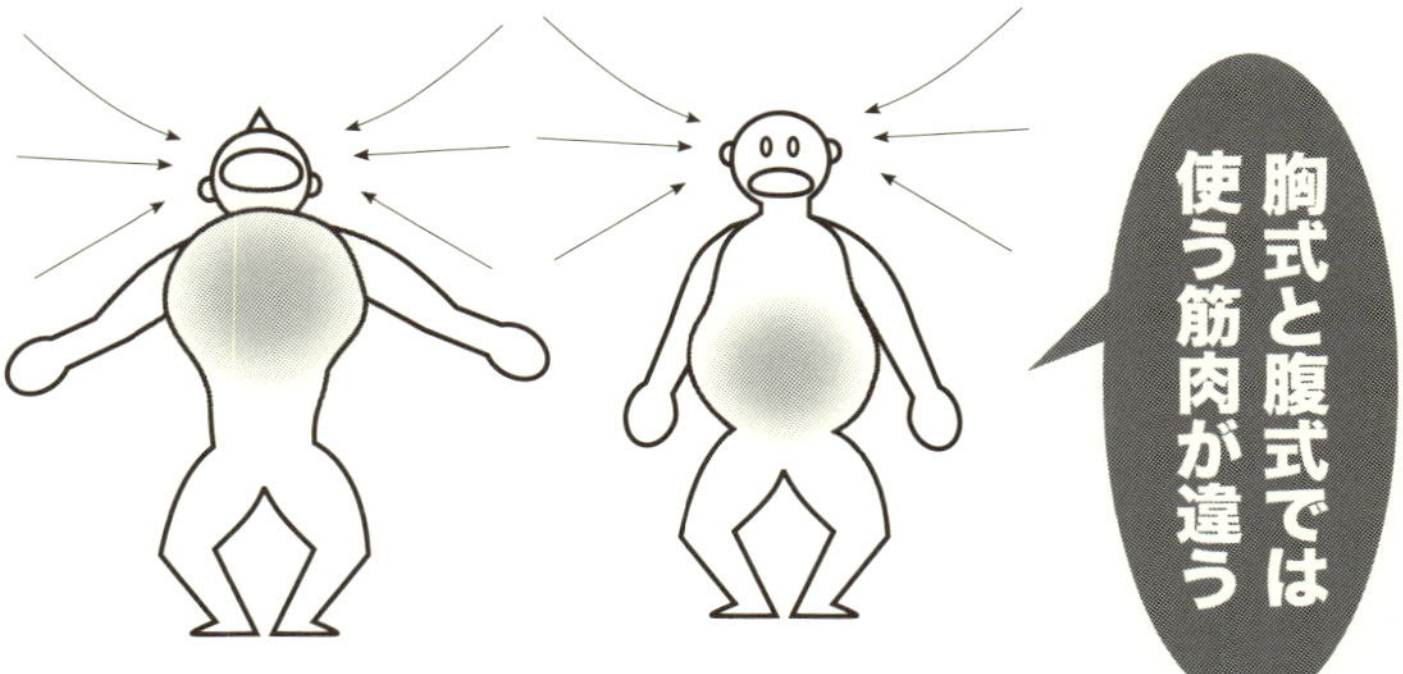

胸式呼吸と腹式呼吸とでは、使う筋肉が異なる。そのため、腹式呼吸の方が首肩周りの緊張を起こさずに呼吸をすることができ、脱力しやすい。

腹式呼吸で技をかける

①～②胸式呼吸をしながら技をかけようとすると、呼吸をしているのが相手に見えやすく、また首や肩周りの緊張が相手に伝わりやすいために、技がかからない。③～⑤対して、腹式呼吸をしながら技をかけると、相手にとっては呼吸をしていることが伝わりにくく、動きを悟られずに崩すことができる。

を悟られないという点においても優れています（右ページ写真①〜⑤）。

呼吸は鼻でするのか、口でするのか。口呼吸では呼吸動作自体が大きく筋肉の緊張が強くなるし、胸式呼吸にもなりやすい。やはり脱力という点から考えれば鼻呼吸の方が良いということになります。

そもそも鼻は元々呼吸するための器官ですが、口は食べ物を食べる器官であり発声をする器官です。最初から身体の構造が鼻でしか呼吸ができないようになっていればわかりやすいのですが、実際には口でも呼吸ができてしまう。口呼吸というのは鼻呼吸で間に合わないような緊急時に役立つ予備電源のようなものです。

例えば全速力で走ったあとの呼吸は鼻呼吸では空気の供給が間に合わない。そんな時は口呼吸が補助として作動するのです。大事なのは、あくまでもいざという時に口呼吸を使うのであって、日常的に口呼吸を使うわけではないということ。

例えば歩くという動作は足で行いますが、もし足を怪我して使えなければ手で地面を這って移動することも、または逆立ちして歩くということも可能です。しかしいくら手で歩けるといっても普段から手で歩く人はいませんし、手は歩くために使うものだと考えている人もいないでしょう。あくまでも足が使えない時の補助として手を使うことも可能である、ということなんです。

普段から口呼吸をしている人は、手で歩いているようなものと考えたら口呼吸の不自然さがイメージできるのではないでしょうか。

吐いて吸う、吸って吐く

呼吸の順番ってどちらが先だと思いますか？　世の中の呼吸に関する本などを読むと、たいてい呼吸は吐いて、吸うという順番だと言っています。その理由もちゃんと説明されていて、言っていることは納得はできるし、それらに特に反論するつもりはありません。ただ「吐く、吸う」が正しくて、「吸う、吐く」の順番は間違っていると言われると、それにはちょっと違和感を感じます。

生まれた時に人はおぎゃーと泣いて「息を吐き」、死ぬ時は息をひきとって「息を吸う」、だから人は息を吐くのが最初なんだという人もいますが、ひねくれた私は赤ちゃんが最初に吐く息はそもそもどこにあったのかと思うわけです。まず肺の中に空気が入ってからじゃないと吐けないよね、だったら吸うのが先じゃないのかと。

まあ、こういうのは「鶏が先か卵が先か」という話みたいなものです。どちらの順番が正しい、間違っているということではないし、リラックスできるのなら、どちらでも良いということなんでしょうけどね。私はどちらかと言うと「吸う、吐く」という順番の方がしっくりくるし、リラックスしやすいということです。

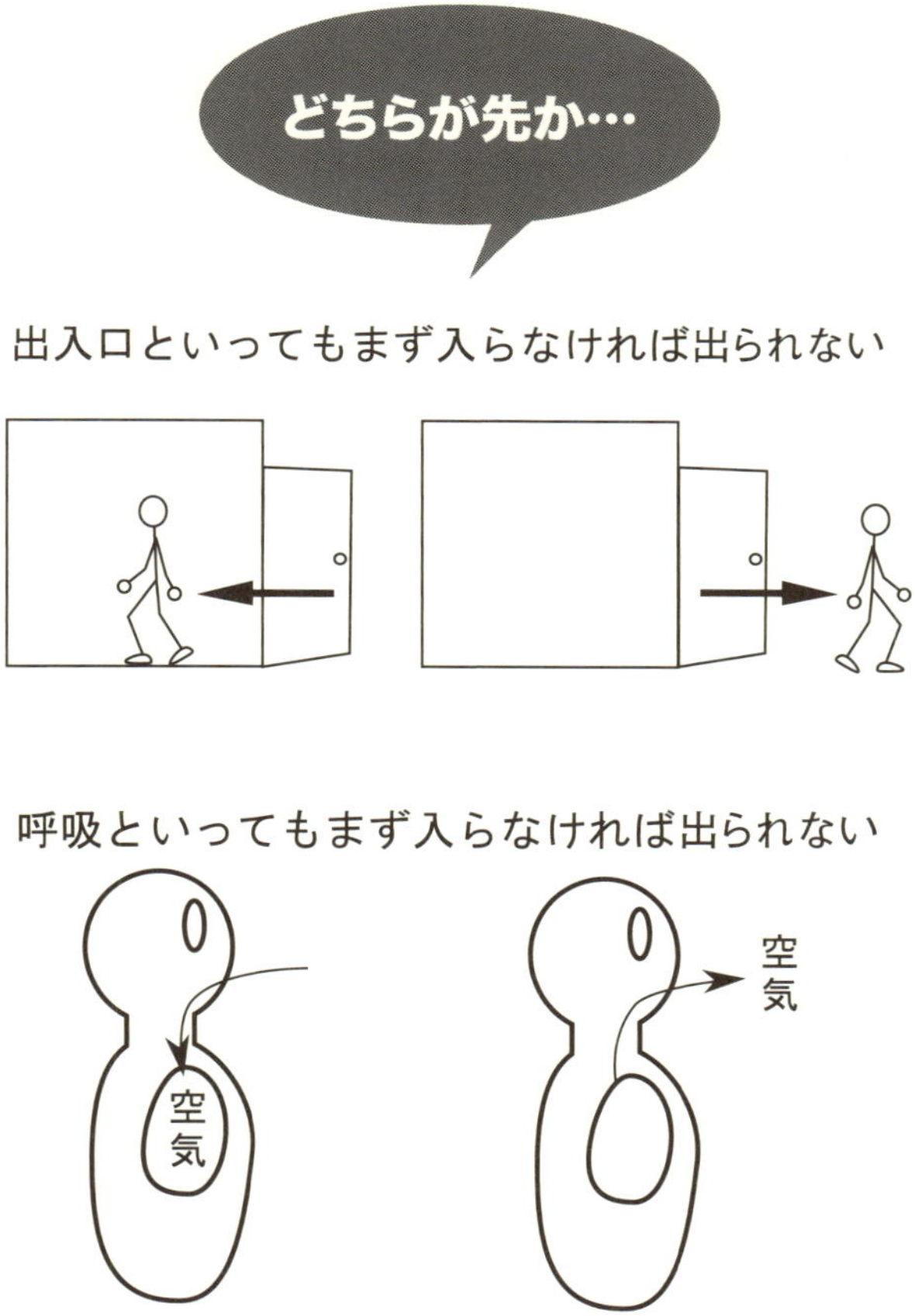
どちらが先か…
出入口といってもまず入らなければ出られない
呼吸といってもまず入らなければ出られない
空気
空気

呼吸は、吸うのが先か、吐くのが先か。様々な考え方があるが、どちらが正しい、どちらが間違いというのではなく、「自分がリラックスできる順番で呼吸するのがよい」でしょう。

丹田呼吸

武道では丹田呼吸というものもよく聞きますね。これまた一見難しそうですが、脱力の視点から見ればやはりシンプルです。呼吸の際に少しでも筋肉の緊張をなくしたいから、胸式より腹式がベターであるならば、腹式に使うお腹周りの緊張ですら、なるべくなくしたい。

そこで丹田が登場します。胸式でも腹式でもなく、丹田を使って呼吸をすることで、上半身全体の脱力がさらに作りやすくなるのです。丹田呼吸の利点は、丹田というものがそもそも筋肉や内臓のように存在しないということ。存在しないからこそ余計な筋肉の緊張を起こすことがない。存在しないものをどうやって意識して呼吸するんだ、と思う人もいるでしょう。

しかし「息」という漢字をよく見てみましょう。「自らの心」と書いて「息」です。つまり、息というのは意識なんです。そもそも腹式呼吸だって、空気自体は肺にしか入らないのですから、腹式呼吸でお腹に息を入れるというのだって意識です。つまり、息は肺のみを出入りする空気のみを指しているのではなく、意識で身体のどこにでも出し入れすることが可能なのです。

「真人の息は踵を以てし、衆人の息は喉を以てす」なんて言葉もありますが、これも息＝意識と考えれば、息を通すというのは意識を通すという意味になります。つまり、丹田呼吸というのは、意識を利用することによって、より高度な脱力を可能にする呼吸法なのです。

丹田から技をかける

腕をつかまれた状態から技をかける場合、ついつい肩に力が入ってしまいがちであるが、丹田を使って呼吸をしつつ技をかけることによって、意識が上に上がることを防ぎ、上半身を脱力しながら技をかけることができる。

1

2

3

曖昧な存在とも言える「気」も、「息」という言葉に置き換えると、捉えやすくなる。

息と気

「息＝意識」という考え方をもう少し進めてみます。息↓い（意）・し（する）・き（気）↓意する気、つまり、「息＝気」という考え方もできるのです。だから「気が合う」というのは「息が合う」ということだし、「気が長い」というのは「息が長い」、「気が詰まる」は「息が詰まる」ということになるのです。目に見えない曖昧な存在の「気」も「息」という言葉に変えてしまえば、わかりやすくなります。

例えば腕を上げてつかまれた状態で腕をおろして相手を崩します。当然、力で引っ張っても相手を崩すことはできません。この時に「背中から気をおろして」と言うとわかりづらいですが、「背中から息を吐いて肩をおろす」と考えるとわかりやすいです（左ページ写真①〜④）。

同様の方法として、「腕をつかまれた状態から腕から気

背中から息を吐いて肩をおろす

上の写真のように腕をとられた状態で、「背中から気をおろしてください」と言われた時、その感覚がイメージしにくくても、「背中から息を吐いてください」と言われると、イメージしやすい。自然と肩から肩甲骨をおろすことができ、技もかかりやすい。

腕から息を流して肩をおろす

前ページの「背中から息を吐いて肩をおろす」と同様に、「腕から気を流す」というイメージだとわかりずらくても、「腕から指先に向ってフッと息を吐き出す」と意識するとイメージがしやすい。そのイメージを持って、つかまれた腕をおろすと、自然な動きになりやすく、それ故に技もかかりやすくなる。

を流して」ではなく、「腕から息を流して」と考えると身体の動きがイメージしやすいです（右ページ写真①～③）。皆さんも「気なんたら～」なんていう言葉の説明を見かけたら、息という言葉に言い換えて読んでみてください。きっとイメージをつかみやすくなりますよ。

呼吸の世界というのは奥が深いです。そういう意味では、今回の呼吸の話はかなり大雑把で説明としては足りない部分も多いでしょう。でも、まずは呼吸をシンプルに脱力という視点だけで考えてみました。胸式呼吸よりも腹式呼吸の方が脱力しやすい。吸う時間よりも吐く時間を長くした方が脱力しやすい。呼吸は速いよりもゆっくりの方が脱力しやすい。そして意識を使って呼吸した方が脱力しやすい、ということです。

結局のところ脱力がちゃんと身体に身につけば、呼吸もまた自然に身につくということです。無理に呼吸を意識しすぎると、かえって不自然な呼吸になってしまいます。何事も頑張りすぎずに適度に息抜きは大事ってことです。

最後に

本書も締めくくりとなりました。身体感覚を文章にする難しさをかみしめつつも、少しでもわかりやすく理解していただけるように工夫する作業は楽しかったです。

作家の井上ひさし氏の言葉にこんなものがあります。

「むずかしいことをやさしく、やさしいことをふかく、ふかいことをおもしろく、おもしろいことをまじめに、まじめなことをゆかいに、そしてゆかいなことはあくまでゆかいに」

はたして私の文章でどれほどやさしく、ふかく、おもしろく伝えられたかわかりませんが、なんとか最後まで息切れすることなくゴールまで走ることはできました。まだまだ頭の中には言葉にしていないものがいっぱいありますが、まずはこの辺で一息つかせていただきたいと思います。■

著者の頭の中には、紹介しきれなかった技や術がまだまだあるので、それらの発表は、「とりあえず一息」の後に！

特別編

“脳”
「脳みそを絞る」
～脳も脱力が大事～

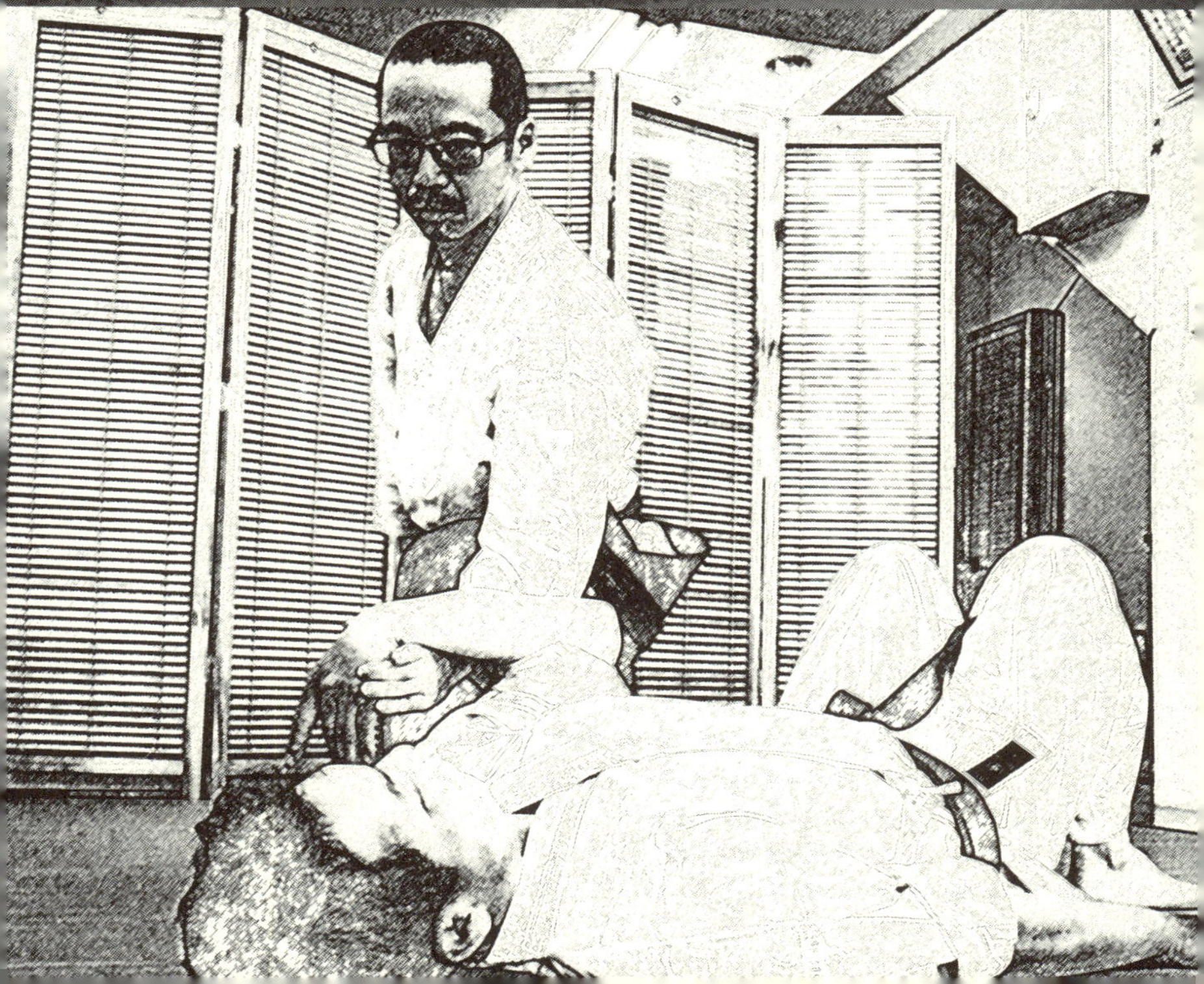

脳の使い方

人間のあらゆる活動は脳を介して行われています。このことに異論を挟む人はいないでしょう。でも脳っていったい何なんだろう？

昔は脳を使う＝勉強、運動＝筋肉という考え方がありました。私が高校の部活動にあけくれていた頃は「広沢は脳も筋肉でできてるんじゃないか」なんて言われた記憶があります。当時は運動というのは筋肉ばっかり使って脳を使っていないというイメージがあったからです。

現代では脳を上手に使いこなすことでビジネスや学問、スポーツの世界で役立たせることができるというのは常識です。

では柔術などの武道では脳を役立てることはできないか？　脳!!　いや、ＮＯ！　役に立たないどころか脳の仕組みを知ることが武道の上達の鍵となるのです。

というわけでこの特別編では、柔術と脳の関係について書いていきたいと思います。

脳は疲労する

まず最初に押さえておきたいのが脳は疲労するということ。例えるなら車におけるガソリンのよ

意思決定ごとに
脳ガソリンは消費していく
ガソリン満タン

朝、目覚めた時には満タンな「脳ガソリン」だが、意思決定ごとに消費していく。起きてから寝るまでに意思決定できる数には限度があるため、意思決定の数がそれを超えるとガス欠状態に陥ってしまう。

ガス欠状態

うなもの。ガソリンがあるうちは車は走るが、ガス欠になれば車は動かなくなります。

朝、目が覚めた時には「脳ガソリン」は満タンです。しかし起きてから寝るまでに数多くの意思決定で脳を使うことで、脳ガソリンは徐々に消費していきます。非常にささいなことから大きな意思決定まで、とにかくその都度脳ガソリンは消費していきます。

そして人間が一日に意思決定できる数には限度があるのです。意思決定の数が多いとあっという間にガス欠状態になり、頭が回らないということになります。

だからこそ一流の人ほど、限りある意思決定力を大事に使う工夫をしています。有名な話では、スティーブ・ジョブズがいつも同じ服を着ていたのは、洋服を選ぶというささいな意思決定ですら脳の無駄遣いをしたくないからです。

脳というのは身体全体のなかでも非常にエネルギーを必要とする器官で、身体全体のエネルギーの20％ものエネルギー量を消費します。つまり脳というのは、もともと非常に燃費の悪い器官なんです。だからこそなるべく意思決定を含め、脳ガソリンを無駄遣いしないように使わなくてはいけません。

脱力脳

柔術の稽古の後に「脳が疲れた」と言う人がけっこういます。これは実は比喩ではなく本当にその通りなんです。

柔術の稽古では肉体的な疲労は少ない。しかしあれこれとアドバイスをされたことを意識しながら身体を動かすので、脳ガソリンはどんどん消費されていく。これが上級者になってくると余計なことを考えなくても技ができるので脳ガソリンはあまり消費されない。だから初心者ほど脳疲労は激しくなり、結果「脳が疲れた」という感覚が起きます。

そういう意味では指導する側は身体の状態だけでなく、脳の疲労にも気を配ってあげれば、より

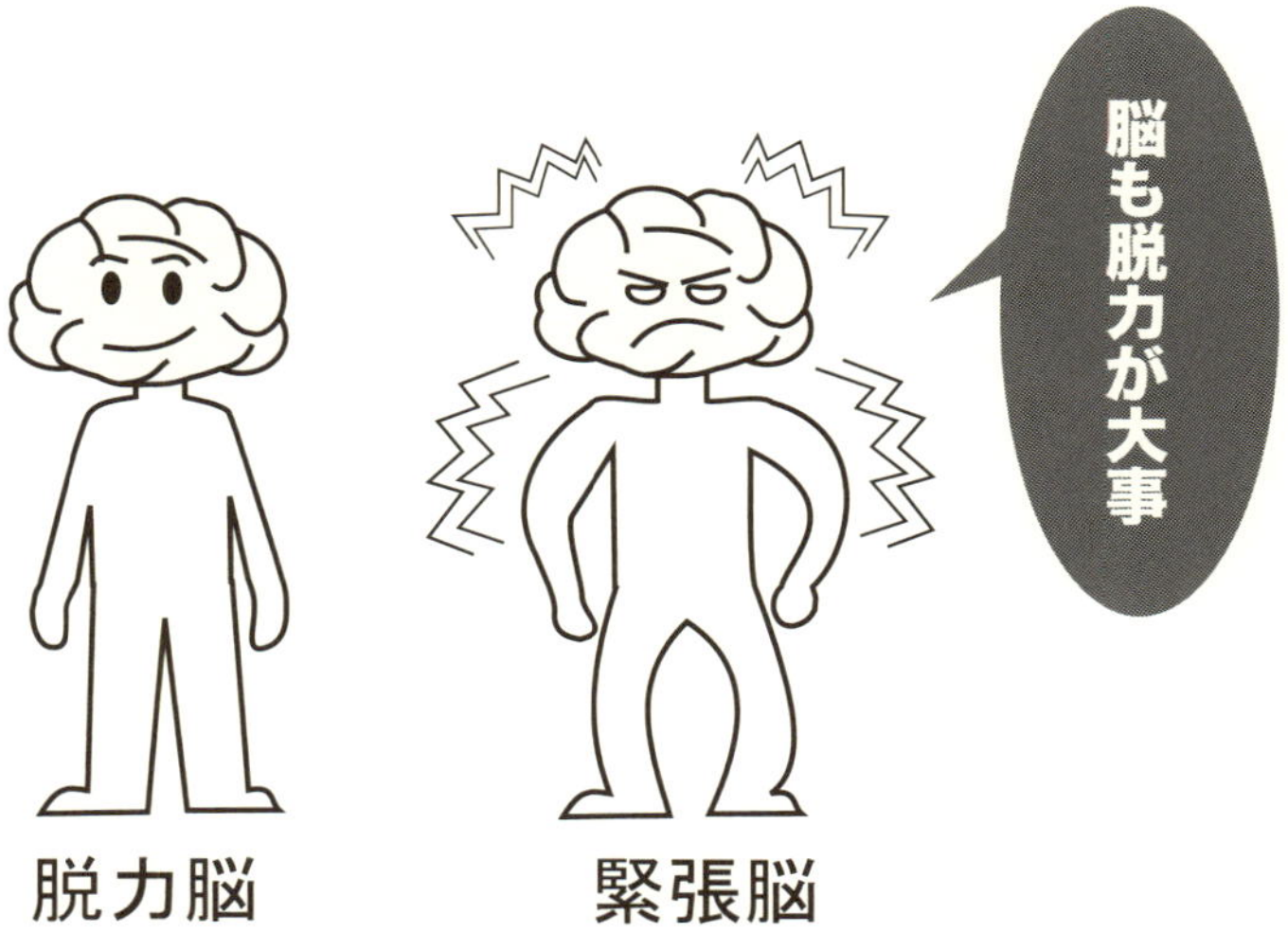

脳も筋肉と同じように、緊張していると疲労しやすい。よって、柔術において目指すべき脳は、脳ガソリンの無駄遣いを減らした「脱力脳」である。

細やかな指導をすることができます。

ここまで読んでピンときた方もいると思います。脳って筋肉と似てませんか。柔術における脱力というのは筋肉の無駄な力を抜くということ。つまり筋肉の省エネ化です。これは脳でも全く同じことがいえます。つまり脳ガソリンの無駄遣いを減らした「脱力脳」が柔術で目指すべき脳なのです。

では、どうやって脱力脳を身につけるか。次からは脳の具体的な省エネ方法について考えていきましょう。

マルチタスクは非効率

人間の脳は複数の仕事を同時にこなす

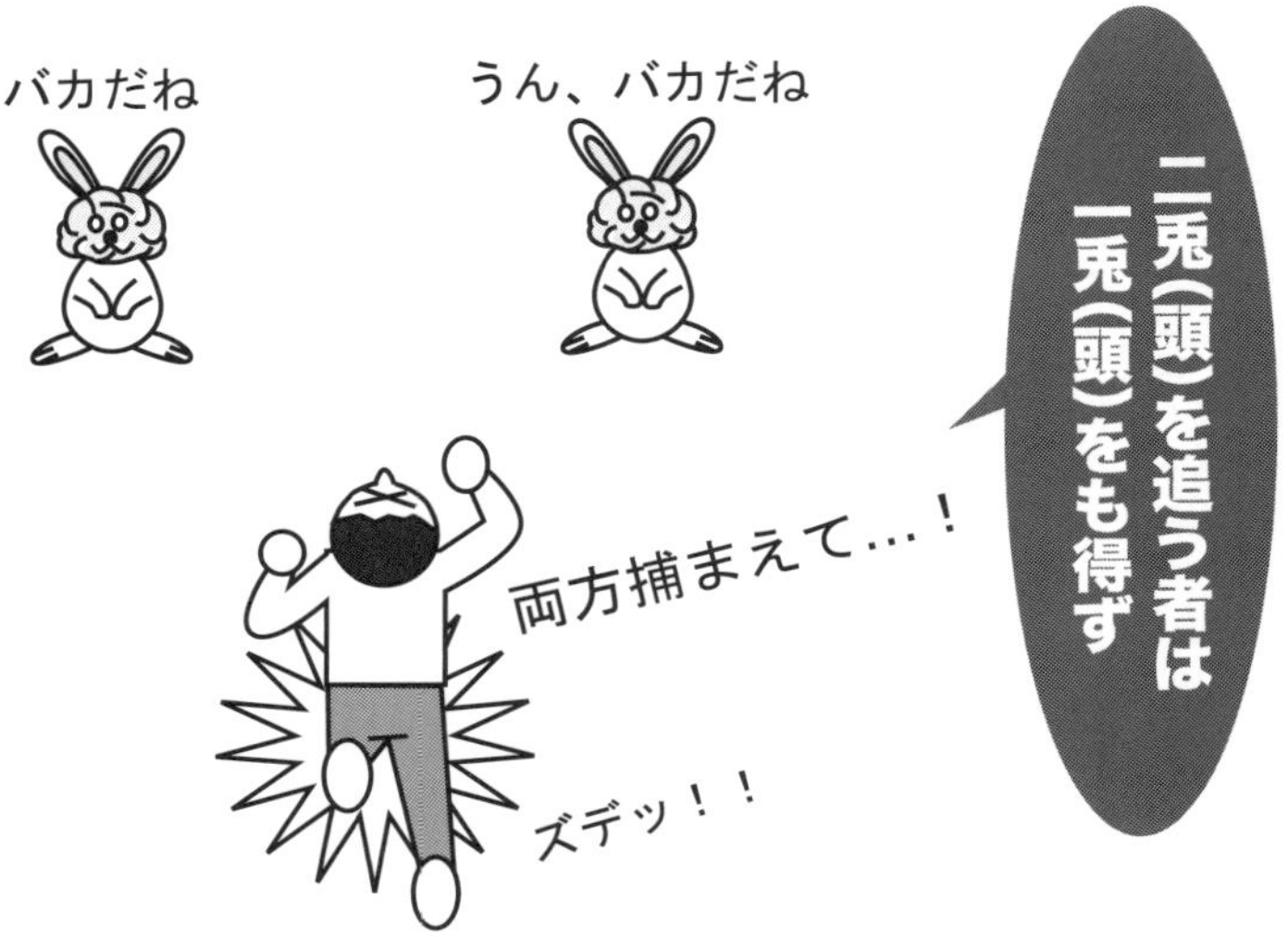

人間の脳は、複数の仕事を同時に行うこと、いわゆるマルチタスクが苦手である。マルチタスクではなく、シングルタスクで仕事をすることで、逆に効率よく業務を進めることができる。二兎追う者は一兎も得ず、どころか、二兎追いかけようとしたら、逆に色々と失ってしまうかも……。

こと、いわゆるマルチタスクが苦手です。実際に2つ以上の仕事を同時にこなそうとすると1つずつ仕事をこなすよりもかなり効率が落ちるという実験結果が出ており、ビジネスの世界ではマルチタスクを避け、シングルタスクで仕事をするというのは今や常識になりつつあります。

当然柔術においてもマルチタスクで複数のことを同時にこなそうとすると動きが悪くなります。脱力は？　姿勢は？　手の動かす方向は？　視線は？……。

意識を散らしてしまうので「あちらを気をつけるとこちらが悪くなり、こちらを気をつけるとあちらがおかしくなり」と、まるでモグラたたきのようにどっちつかずの中途半端な動きになってしまいます。

ではどうやって柔術の動きをシングルタスクにしていくか。大きく分けて方法は二つ。一つめは動きを自動化させるということ。

動作というのは繰り返し行うことでほぼ無意識でも動けるようになります。この自動化というのは別の言い方をすると習慣化です。習慣的に何度も繰り返し行うことで無意識にでも行動することができる。

例えば駅から家までの道のりに何か考え事をしていてもちゃんと家にたどり着くのも、身体が家への道のりを習慣化して自動的に動いているからです。そうやって自動化できる部分が増えれば、それだけ脳は他のことに余

柔術や他の武術においても、マルチタスクで複数のことを同時にこなそうとすると動きが悪くなってしまう。幾つものことを意識してしまうあまり、全てのことが中途半端になってしまうからである。これに対する対処法は、本文を参照されたし!

裕を持って意識を使うことができます。

武道で基本をひたすら繰り返す理由はまさに自動化のためなんです。技が上手な人は動きの多くを自動化させるからこそプラスアルファの動きを付け足していくことができるのです。

スポーツや武道では昔から「身体で覚える」という言い方をしますが、これはマルチタスクによる脳の負担を減らすためと考えると納得です。

チャンク化する

脳の無駄遣いを減らすためのもう一つの方法が動きのチャンク化です。チャンクというのはかたまりという意味で、要は複数の動きをまとめて一つにしていくということです。

動きをチャンクするための代表的な稽古法が型です。手鏡という技（左ページ写真）一つをとっても、その型のなかで使われる身体の動きというのは分解して考えれば非常に複雑です。しかし手鏡という型をくりかえし稽古することで、それらの複数の動きは「手鏡」という一つのイメージの型にチャンクされる。

これは自転車に乗る時と同じで、自転車に乗るという動作も最初はハンドルを握る、サドルに座る、ペダルに足を乗せる、とそれぞれの動作はバラバラですが、繰り返し行うことで自転車に乗る

手鏡

①～④技に熟練していない者が、手鏡のような複雑な技をかける場合、姿勢や動きなど様々な要素を同時に考えて行わないといけないため、滑らかな動きにならない。

⑤～⑧一方、型をくりかえし稽古することで、それら複数の動きは一連の流れのイメージとしてチャンクされ、滑らかな動きで行うことができる。

という一つのイメージの中にチャンクされることでスムーズに自転車に乗れるようになります。
さらに繰り返し行うことで手鏡という動きそのものが自動化されてしまえば、ほぼ無意識でも技を行えるようになります。

他に動きをチャンクするのに便利なのがイメージを使った方法。例えば八光捕の動きの時に「耳がかゆいなー」というイメージで動かしたり（左掲写真①〜③）、引き投げの時に物を拾いにいくというイメージで手を伸ばしたり（左掲写真⑤〜⑦）、「胸木葉返《むねこのはがえし》」の時に「ごめんなさい」と謝るイメージで相手を崩したり（左掲写真⑨〜⑪）、というようなもの。八光流ではこういったイメー

イメージを利用して技をかける

イメージを用いることは動きをチャンクするのに有効である。①〜③は「耳がかゆいなー」というイメージで、⑤〜⑦は物を拾いにいくイメージで、⑨〜⑪は「ごめんなさい」と謝るイメージで動くことでスムーズな動きを生み出している。④⑧⑫はそれぞれの動作において、力で相手を崩そうとして相手をうまく崩せていない場面。

2
3
4 ×

6
7
8 ×

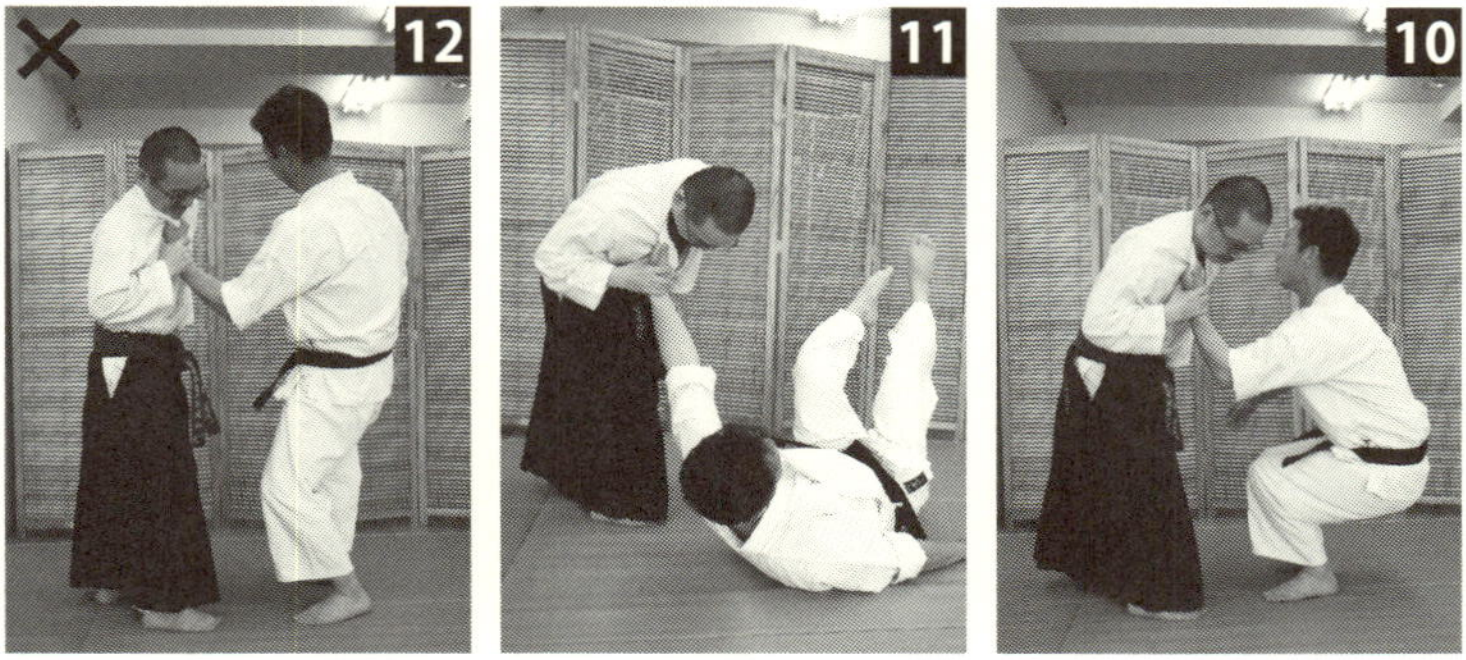
10
11
12 ×

ジ（心的作用）を使った技の説明も多く、これらも脳の仕組みから考えると非常に良くできた方法だと思います。

デフォルトモードネットワーク

そもそも脳ガソリンをなるべく消費しない方が良いのなら、最初から何も考えずに動くのが一番いいんじゃね？　そう思った人もいると思います。たしかにその通り、と言いたいところですがそれは脳!!　いやNO！です（しつこい）。

なぜか。昔は脳は何もしていない時は活動していないと思われていました。その通りならば先ほどの質問にもYESと答えたいところですが、実は何もしないでぼーっとしている時にも脳が活発に活動していることが現在ではわかってきました。

その状態をデフォルトモードネットワーク（以下DMN）と言います。しかもこのDMNにおける脳活動というのは何かに集中している時の脳活動よりも活発なんです。

つまり何かを集中して行っているよりも、ただ、ぼーっとしている時の方が脳ガソリンを無駄遣いしているというわけなんです。脳を使い過ぎると疲労する、でも何もせず、ぼーっとしていても脳ガソリンは消費し続ける。このジレンマがあるからこそやはり脳というのは上手に使うという

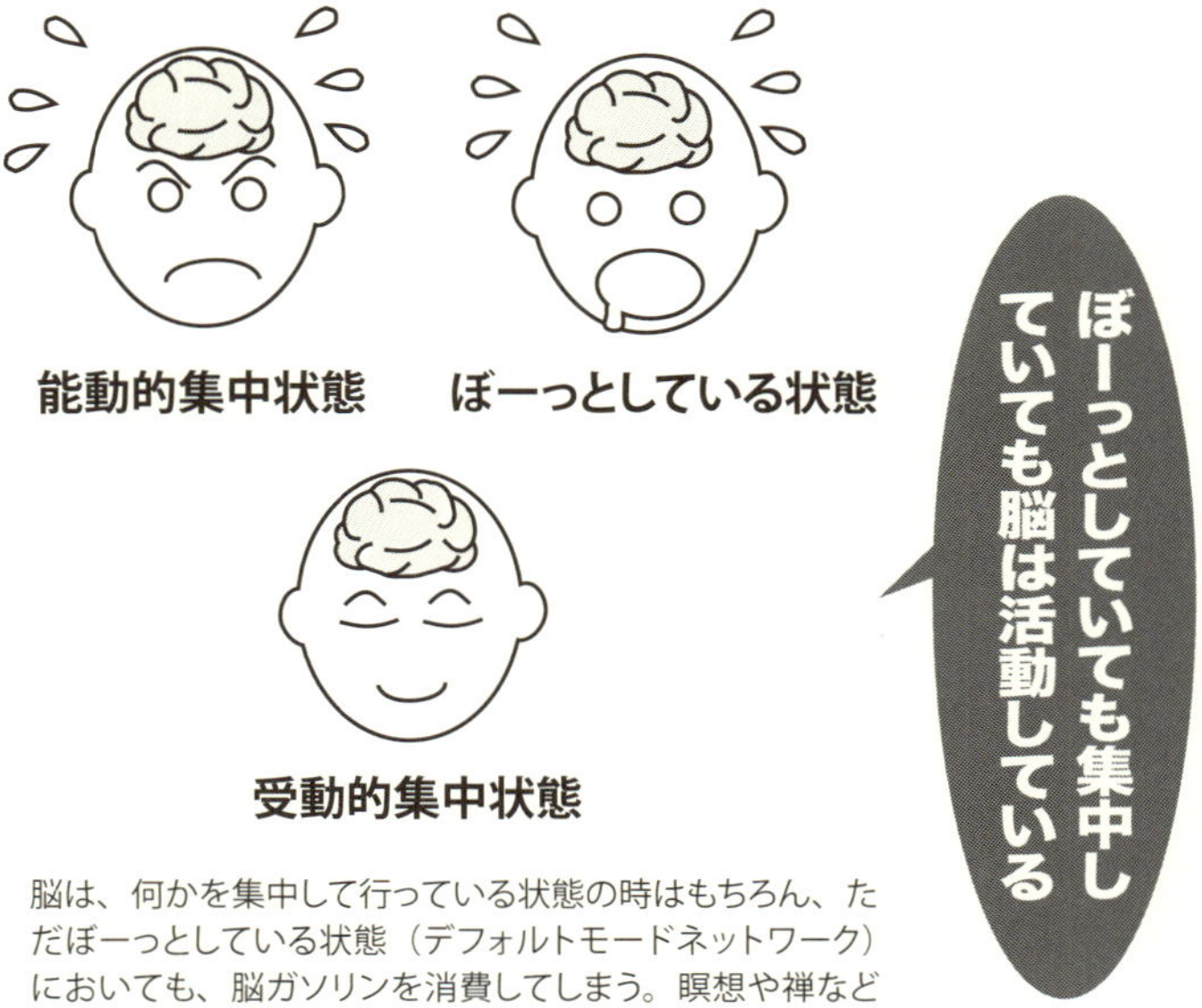

脳は、何かを集中して行っている状態の時はもちろん、ただぼーっとしている状態（デフォルトモードネットワーク）においても、脳ガソリンを消費してしまう。瞑想や禅などによって、意識を集中しすぎず、自分や周りの状況をただ素直に感じとっている受動的集中状態が、脳を効率よく上手に使えている状態と言える。

考えが必要なんです。ではどういった状態が理想的な脳なのか。

代表的なのがヨガや座禅などの瞑想状態です。素人が瞑想をしようとしてもＤＭＮのおかげで雑念がどんどん湧いてきてしまいますが、熟練した人の瞑想はＤＭＮが抑制され脳の活動がおとなしくなります。この瞑想状態を別の言い方をすると受動的集中状態です。

受動的集中というのは意識を集中しすぎず、かといってただ何も考えないのでもなく、自分や周りの状況をただ素直に感じとっている状態です。ブルース・リーの有名な言葉「考えるな感じろ」という言葉は、まさに受動的集中状態を示しています。

今の世の中は右も左もマインドフルネスだ、瞑想だと流行っていますが、昔の武道家の多くが禅を取り入れていたんですから武道の考え方に時代がやっと追いついたという感じもしますね。

ゾーンの正体？

スポーツなどでよく言われる「ゾーン（またはフロー）」。一般的にスポーツや競技などで心身共に最高のパフォーマンス状態になっていることを言いますが、この状態にどうすればなるのかというのはよくわかっていません。私が思うに、このゾーンというのは先ほどの受動的集中を極めた状態なんじゃないかと思ってます。

例えるなら普通に自動車を運転しているのが能動的集中で、ＤＭＮ状態はよそ見運転。自動車に乗ったまま自動運転に切り替わったのが受動的集中によるゾーン状態。その状態になると自動車は目的地に進みながらも、運転そのもので一杯一杯になることなく周りの風景を眺めたり、自動車の中を観察したりと意識に余裕が生まれます。

だからスポーツなどでゾーンに入る条件というのは身体の動きを最大限まで自動化した上に、脳の活動を最小限まで抑えることがポイントなんじゃないかと思います。脳を限りなく休ませた状態で身体を動かしているからこそ、あらゆる状況に脳が即座に反応して余裕をもって動くことができるのです。

結局、身体の使い方においても脳の使い方においても重要なポイントは同じで「どう使うか」ではなく「どう使わないか」という点なんだと思います。ちょっと極端な言い方かもしれないけど、「ゾーンに入るにはなるべく脳を使わない状態にすること」と言えるかもしれません。

まとめ

この特別編では脳の働きから柔術をひもといてみました。脳についてはまだまだ未知の部分が多く、現在の脳の常識が変わっ

Do you 脳 me?
あなたは脳の使い方のポイントを知っていますか

脳は、身体の中で、まだまだ未知の部分が多い器官であるが、脳の仕組みが解明されることによって、武道の世界でブラックボックスとされていた部分が徐々に明らかになってきた。脳を理解し、うまく用いることが、今後ますます必要となってくるだろう。

たり、全く新しい発見が出てくることもあると思います。本文中にも出てきたＤＭＮの働きについてもまだ色々と意見が分かれているのが現状です。

それでも脳の仕組みや働きがわかることで、武道の世界のブラックボックスが徐々に明らかになってきたのも確かです。今後ますます武道の世界では、脳は見過ごすことができないキーワードになると思います。

脳を知ることで知脳となり、脳を脱力することで脳力となれば、みなさんにも大きな可脳性が生まれます。脳を全く使えないと脳なしになっちゃうかもよ……なんてね。

■

おわりに

月刊誌「秘伝」では1年にわたって連載をさせていただき、こうして一冊の本になりました。それは自分にとってとても学びの多い経験でした。稚拙ながらも書ききったという満足感もありますが、まだまだ書き足したいなという気持ちもあります。

禅には「不立文字《ふりゅうもんじ》」という言葉があります。大事なことは文字や言葉では伝えられないという意味ですが、身体の感覚というのもまさに不立文字です。今回の本でも文字では伝えづらいものを何とかわかりやすく伝えようと努力しましたが、書けば書くほどうまく文字にしきれないもどかしさもありました。でも、私はそうやって文字を紡いでいく作業はとても好きですし、本書を読んでくれた方が何か一つでも「なるほど！」と思っていただければ、とても嬉しいです。

柔術の稽古は一生涯ですから、今もどんどん新しい気づきが生まれていますし、これからもそれらの気づきをわかりやすく丁寧に文字に起こしていきたいと思っています。とはいえ、いくら文字にしてもそれを身体で体現できなくてはただの机上の空論です。そういうのを「絵にかいた餅（文字）」って言うとか言わないとか…。

最後もおあとがよろしいようで。

著者◎広沢 成山 ひろさわ せいざん

八光流柔術・三大基柱拾段師範、鍼灸師、皇法指圧師。1970年生まれ。少林寺拳法、中国武術を学んだ後、1993年、八光流柔術に入門。1999年に八光流柔術師範、2000年に皆伝・基柱師範を取得。2009年、八光流柔術の稽古会をスタートさせ、2010年、千葉県の馬橋にて道場を開く。現在、「八光流柔術豊和会」を主宰し、千葉・東京・神奈川で指導している。

◎八光流柔術豊和会

https://hakkouryu.wixsite.com/houwakai

◎あんころ猫の手

http://ankoroneko.blog115.fc2.com/

本文イラスト ● 広沢成山
本文デザイン ● 和泉仁
装丁デザイン ● やなかひでゆき

◎本書は『月刊秘伝』2017 年 3 月号～ 8 月号、10 月号～ 2018 年 3 月号に連載された「入門！ “脱力体” 獲得マニュアル」、及び 2018 年 8 月号に掲載された特別編をもとに単行本化したものです。

柔術《やわら》の動き方「肩の力」を抜く！

相手に作用する！ 反応されない！

2018 年 8 月 5 日　初版第 1 刷発行
2023 年 7 月 5 日　初版第 7 刷発行

著　者　広沢成山
発行者　東口敏郎
発行所　株式会社 BAB ジャパン
〒 151-0073 東京都渋谷区笹塚 1-30-11　4・5F
TEL 03-3469-0135　FAX 03-3469-0162
URL http://www.bab.co.jp/
E-mail shop@bab.co.jp
郵便振替 00140-7-116767
印刷・製本　中央精版印刷株式会社

ISBN978-4-8142-0144-0 C2075

「八光流柔術」書籍好評発売中!!

短期習得システムを解明

凄い！八光流柔術

“心的作用”を使い、指一本で相手を制す！

**“武の極意”は
実は誰でも修得できる。**

心や意識、痛覚など人間の生理構造を巧みにコントロールし、一瞬にして相手を極める絶技の数々。

誰でもすぐに身に付けられる、巧妙に体系づけられた流儀の核心に迫る！

●著者：奥山龍峰
●判型：A5 判
●頁数：192 頁
●本体：1,700 円＋税

CONTENTS

English Edition　¥2500(JPY)

Amazing ! The secret of

Hakkoryu Jujutsu.

Explains its system of accelerated mastery

In fact **Everyone can master the deep knowledge of Budo.**

Controls the attacker using a single finger through mental effect

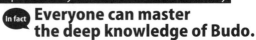